TEXTES LITTERAIRES

Collection dirigée par Keith Cameron

_____

LX

LE JODELET OU LE MAISTRE VALET

Paul SCARRON

LE JODELET
OU
LE MAISTRE VALET

Edition critique

par

William J. Dickson

University of Exeter
1986

Je tiens à remercier mes collègues, Messieurs A.J.Kennedy et N.A. Peacock pour leurs conseils et leurs encouragements, ainsi que le personnel de la Bibliothèque Nationale et de l'Arsenal, et tout particulièrement, ma femme, Michèle, pour son soutien sans défaillance.

First published 1986
by the University of Exeter

© William J. Dickson 1986

ISSN 0309 - 6998
ISBN 0 85989 217 4

April 1986

Printed in Great Britain by A. Wheaton & Co. Ltd., Exeter

Introduction.

De nos jours Paul Scarron (1610-1660) suscite notre intérêt sur deux plans très différents: intérêt critique en tant qu'auteur du **Roman Comique**; et curiosité biographique en tant que premier mari de Françoise d'Aubigné, plus tard Mme de Maintenon et épouse morganatique de Louis XIV. Seules les grandes histoires littéraires du 17ème siècle mentionnent Scarron comme l'écrivain le plus connu du genre burlesque, cette tendance mineure dont l'existence rend le concept du développement linéaire du siècle "classique" sujet à caution. On le réduit à l'auteur d'un roman ayant pour sujet une troupe d'acteurs de province, et l'on oublie que ce roman ne vit le jour qu'après plusieurs comédies, et que Scarron écrivit neuf pièces en plus de plusieurs volumes de poèmes (1). Malade, presque paralysé, Scarron doit vivre de ses écrits. En 1643 paraît son **Recueil de quelques vers burlesques**, une des oeuvres qui marque le début du burlesque et qui est suivie d'une **Suite des oeuvres burlesques** et du **Typhon** (1644), dans lesquels Scarron perfectionne la formule burlesque qu'il utilise ensuite dans **Le Virgile travesti** (1649). Cette formule, nous la retrouvons dans **Le Jodelet ou le Maistre Valet** et les comédies suivantes ainsi que dans **le Roman comique**.

Le **Jodelet**, interprété par le célèbre comédien du même nom, fit connaître Scarron en tant qu'auteur dramatique, et le succès de son poème **Typhon** en 1644 confirma sa renommée. Dans l'**Epistre au Comte de Fiesque,** Sarasin nous apporte un témoignage contemporain sur l'accueil fait à la pièce:

>C'est que le petit homme
>Que tu connois et dont on peut prescher
>'L'esprit est prompt mais infirme est la chair'
>A translaté de la langue espagnolle
>N'a pas longtemps, comédie tant folle,
>Où Jodelet est si plaisant garçon,
>Qu'Italiens il jette hors d'arçon.
>Tu l'avouerois si la Piece avois leue,
>Et plus encore si jouer l'avois veue;
>Dom Francesco de Rojas est l'Auteur
>Et Paul Scarron comme ay dit Translateur. (2)

Comme tous les auteurs comiques de l'époque, y compris Corneille dans le **Menteur** et la **Suite du Menteur**, Scarron prend bien où il le trouve et n'hésite pas à adapter une pièce ou à traduire directement de l'espagnol. Ce n'est pas l'invention qui compte mais l'agencement ou l'adaptation (3). Le **Jodelet** fut un grand succès dès le début, rivalisant avec les Italiens de la Commedia dell'Arte. En 1660, lors de la mort de Scarron, la pièce était jouée par deux troupes théâtrales, celle du Marais et celle de Molière, qui avait engagé Jodelet lors de son

---

1) Voir E. Magne: **Scarron et son milieu** pour une étude biographique complète.
2) Sarasin: **Oeuvres**, Paris, 1658 p.43
3) Voir l'introduction de C. Cosnier à **l'Amour à la Mode** de Th. Corneille, p.15.

retour à Paris (4).

    Le Jodelet ou le Maistre Valet se situe à une époque où s'opposent différents courants littéraires. Au théâtre, la comédie, y compris **Le Menteur** et **La Suite du Menteur** de Corneille, s'inspire de pièces espagnoles au moment même où se crée une tragédie française, indépendante de toute influence étrangère. La poésie burlesque prend son essor à l'encontre de la poésie officielle de Chapelain et s'oppose à l'épuration de la langue et au bon usage préconisés par Vaugelas. Quelques années plus tard, **Le Roman comique** s'apparentera au picaresque espagnol et se définira par opposition aux romans héroïques français de Mlle de Scudéry, tant appréciés des Précieuses. Le burlesque est dérivé soit d'une tradition satirique italienne qui remonte à la Renaissance, et que Scarron avait peut-être découverte lors d'un séjour à Rome en 1635, soit de l'italien 'burla' ou plaisanterie, et c'est surtout le côté plaisanterie que nous retrouvons dans **Le Jodelet**.

    L'objet du burlesque est de faire rire, au théâtre par l'exploitation d'une situation dramatique plaisante, en poésie par des effets linguistiques bouffons. Le burlesque, qui est aux antipodes de la poésie précieuse et de sa recherche du raffinement, y ressemble pourtant dans la mesure où il cherche à plaire par un jeu d'esprit et 'la recherche systématique des effets' (5).

    Scarron, tout en condamnant les excès que commettaient d'autres auteurs, définit le style des burlesques de la façon suivante:

> Ils ont pour discours ordinaires
> Des termes bas et populaires,
> Des proverbes mal appliquez
> Des quolibets mal expliquez
> Des mots tournez en ridicule...
> Des mots de gueulle hors de saison
> Allusions impertinentes...
> Vray style d'amour des servantes,
> Et le patois des paisans...
> Equivoques à choses sales,
> En un mot le jargon des halles,
> Des crocheteurs et porteurs d'eau,
> Nomme langage du Ponceau...
> Ils font des vers en vieux Gaulois
> N'en pouvant faire en bon François.
> Quand l'article les incommode,
> Ils le coupent sans hésiter... (6)

Tous les éléments bannis de la langue font leur réapparition grâce au genre burlesque. On trouve chez lui des termes familiers ou techniques, des proverbes utilisés surtout par des valets ou des servantes, l'exploitation de la mythologie pour faire rire, des insultes, des néologismes ou des archaïsmes, des ambiguïtés, et des façons assez crues d'exprimer l'amour ou de décrire la beauté. Il emploie un vocabulaire

---

4) Voir W. Deierkauf-Holsboer: **Le Théâtre du Marais**, t.II, p.113.
5) Voir F.Bar:**Le Genre burlesque**, cit. op.xxvii.
6) Scarron: **Epistre à M. d'Aumalle** dans **Poésies** éd. M. Cauchie, t.I. pp.471-2.

très composite, dont les effets de contraste entre le registre élevé et
le bas jouent un rôle très important. La syntaxe, par contre, est
rarement malmenée dans ses pièces.
       A cette recherche de la plaisanterie par des effets linguis-
tiques, Scarron ajoute souvent un deuxième élément qui est la parodie
des conventions sociales ou littéraires, dédiant, par exemple, **La Suite
des oeuvres burlesques** à sa chienne plutôt qu'au personnage en vue
habituel. De ce point de vue, **Le Jodelet** est émaillé de références au
Cid de Corneille, à une tragédie de Mairet et au roman **Amadis**, et les
thèmes de l'amour précieux et de l'honneur sont traités de façon
bouffonne. Le grand, l'élevé, le sérieux sera systématiquement ra-
baissé et le bas, le grotesque ou le bouffon mis en évidence (7).

       Entre 1640 et 1660, la comédie change de nature et devient
extrêmement populaire. Elle subit l'influence de la comédie espagnole à
base d'intrigue de 'cape et d'épée', et elle fait rire par ses aspects
relevant de la farce française (8).
       Les années 1630 avaient vu une tentative d'assainir le théâtre
pour attirer un public plus cultivé; la pastorale et la comédie étaient
alors une réaction contre le théâtre déréglé de Hardy et la farce, jugée
trop vulgaire. Corneille se vante de la 'nouveauté de ce genre de
comédie' qu'il avait créé avec **Mélite**: 'on n'avait jamais vu jusque-là
que la comédie fît rire sans personnages ridicules, tels que les valets
bouffons, les parasites, les capitans, les docteurs, etc.'. Il basait
sa comédie sur 'une peinture de la conversation des honnêtes gens', et
la définissait 'par l'humeur enjouée de gens d'une condition au-dessus
de ceux qu'on voit dans les comédies de Plaute et de Térence' (9). **Le
Menteur**, qui connaît un très grand succès en 1643, sert de transition à
la comédie des années suivantes. Dans cette comédie de situation, où il
traite la source espagnole très librement et 'francise' l'action,
Corneille met l'accent sur 'l'humeur enjouée des personnages' et donne
un des rôles principaux au célèbre farceur, Jodelet. La farce commence
ainsi à gagner ses lettres de noblesse, même si Cliton, valet rusé,
spectateur ironique et bavard, reste encore assez conventionnel. Au
même moment, un autre dramaturge, d'Ouville, montre le profit à tirer
des intrigues de Calderon et de Lope de Vega et écrit trois comédies, où
il s'agit de jeunes amants contrariés, de question d'honneur, de séduc-
tion et de scènes nocturnes de balcon. Il y a peu de différences entre
la tragi-comédie française des années 1630 et la comédie espagnole, sauf
que, dans la dernière, on verse moins de sang, les duels perdent de
l'importance, et les valets gagnent en comique. L'évolution vers la
comédie française des années 1640 est amorcée.
       S'il y a donc une invasion du théâtre espagnol en ce qui con-
cerne l'intrigue, il reste une autre tendance dans la comédie française,
celle de la farce. Depuis le début du siècle, de célèbres farceurs
s'étaient illustrés à l'Hôtel de Bourgogne. Jodelet et Philipin sont
les héritiers de Turlupin, Gros Guillaume, Gaultier Garguille et
Guillot-Gorju qui s'étaient retirés de la scène entre 1635 et 1642.

---

7) Voir F. Bar, p.xxi; R. Garapon: **la Fantaisie verbale**, p.219.
8) Voir R. Guichemerre: **la Comédie avant Molière** p.5.
9) Corneille: Examen de **Mélite**, 1660.

VIII

     A l'Hôtel de Bourgogne, les farceurs jouaient masqués ou enfarinés et faisaient rire par leur prolixité verbale, leurs calembours, leur manque de logique et leurs grossièretés. Turlupin, lâche et goinfre, habillé comme un valet italien, excellait dans les lazzi ou jeux de scènes bouffons, à la mode des Italiens de la Commedia dell'Arte. L'apparence physique des acteurs ajoutait au comique: Gaultier-Garguille, grand et maigre, était toujours habillé en noir; Gros Guillaume, au ventre énorme, jouait des rôles de femme aussi bien que d'homme (10).

     Des comédies de d'Ouville (11) et de Corneille, Scarron retient l'essentiel: l'intrigue de cape et d'épée à l'espagnole et le rôle important du valet. Son valet est un gracioso espagnol, lâche, goinfre, avare, ivrogne, comme un des deux valets de la Commedia dell'Arte 'sot, balourd, insensé au point de ne savoir distinguer sa droite et sa gauche' (12). Le gracioso et ce deuxième valet passif plutôt qu'actif se ressemblent. Corneille les adapte pour en faire un seul valet qui non seulement possède ces traits mais qui est aussi capable d'ironie, qui ne se lasse pas de commenter la situation et les faits ou les dires de son maître, un valet caractérisé en partie par son jeu d'esprit et une certaine maîtrise de la parole. Scarron retient la plupart de ces traits; en écrivant le rôle nommément pour Jodelet, il se sert du célèbre farceur pour que la comédie soit 'ridicule' ou 'plaisante', c'est à dire qu'elle fasse rire. **Le Jodelet** nous présente un valet franchement comique dans une situation de salon.

     Le succès du **Jodelet** est exploité par Scarron qui écrit **les trois Dorothées ou Jodelet souffleté** et par d'Ouville qui écrit **Jodelet astrologue**. Les sources de ces pièces sont espagnoles, mais Jodelet apparaît comme un type fortement dessiné et il a tant de succès qu'à l'Hôtel de Bourgogne aussi, des Villiers arrive à se spécialiser dans les rôles du valet farceur sous le nom de Philipin (13). La plupart des rôles de valet de cette époque sont écrits pour Jodelet ou pour Philipin qui tous deux apportent un élément de farce absent des sources espagnoles (14). Dans beaucoup de ces pièces, on retrouve les mêmes traits d'ironie et de farce, mais le valet bouffon a tendance à devenir le héros comique de la pièce, donnant à l'intrigue sa cohésion.

     Jodelet a commencé sa longue carrière dramatique à Angers en 1603, et joue au Marais à partir de 1640, finissant dans la troupe de Molière en 1660. "Jodelet était de grande taille et il avait la mine fort plaisante; avec ses petits yeux vifs et rusés, ses sourcils épais, sa bouche énorme, et ses joues creuses, il n'avait qu'à montrer son 'nez

---

10) Voir G. Mongrédien: **la Vie quotidienne des Comédiens au temps de Molière**, Paris 1966, pp. 55-58.
11) D'Ouville avait déjà écrit **L'Esprit follet** (1642), **L'Absent chez soi** et **Les fausses Vérités** (1643).
12) Voir G. Attinger: **L'Esprit de la Commedia dell'Arte dans le théâtre français**, pp.41-2. Le premier valet, meneur de jeu, devient Scapin.
13) Voir Deierkauf-Holsboer: **Histoire de l'Hôtel de Bourgogne** vol.2 p.67.
14) Pour les pièces écrites pour Jodelet, voir l'article de Mme Cosnier; pour Philipin, voir J. Emelina: **Les Valets et les servantes dans le théâtre comique**, pp.150-1,156-8.

de blaireau' pour exciter le rire du parterre" nous affirme Mongrédien
(15). Il avait une longue moustache, une grande barbe noire, et le
visage enfariné. C'était donc un acteur 'masqué', dont les particu-
larités physiques telles la voix nasillarde et le nez sont décrites dans
les pièces (16). Isabelle, se lamentant de son futur époux, le décrit
comme un extravagant qui fait rire, qui parle mal et qui ne pense qu'à
manger (vv 1622-7). C'est un valet bouffon, caractérisé par ses lazzi
et ses bévues, ses jeux de mots spirituels et son manque de véritable
intelligence. L'importance de son rôle dans **le Maistre Valet** montre à
quel point Scarron a traité sa source librement.

De Rojas à Scarron

Les avis sont partagés en ce qui concerne l'influence de la
source espagnole. Morillot affirme dans son analyse que 'Scarron n'a
absolument rien changé d'important à la pièce espagnole; les noms seuls
ont été un peu modifiés' (17). Sarasin écrit à l'époque que Scarron
n'était que le 'translateur' d'une pièce espagnole, **Donde hay agravios
no hay celos y Amo criado** (où il y a offence, il n'y a pas jalousie ou
le maître valet), dont l'auteur était Francisco de Rojas Zorrilla.
C'est un fait que l'ordre des scènes ne change pas, et que Scarron s'en
tient aux mêmes thèmes de l'honneur et de la jalousie, mais il est loin
de nous donner une traduction littérale. Lancaster déclare que Scarron
a changé les personnages et l'intrigue de façon à rendre la pièce plus
cohérente, plus comique et moins romantique (18). Il est d'ailleurs
évident que les transformations qui changent radicalement la pièce sont
de deux ordres: au niveau des personnages, le valet prend le rôle prin-
cipal alors que les personnages 'sérieux' perdent leur importance; au
niveau du langage, le burlesque et le comique remplacent le lyrisme.
Scarron ajoute au texte ou il en retranche pour faire basculer la pièce
dans un registre franchement comique.

La pièce espagnole est écrite en trois 'journées'. La première
comprend les deux premiers actes de Scarron, la deuxième correspond au
troisième acte et la troisième aux deux derniers actes. La disposition
de la pièce ne change pas, et Scarron ne se donne pas la peine de
transférer la scène de Madrid à Paris, même s'il francise plusieurs
noms. Ainsi Sancho devient Jodelet, Dom Lope Dom Louis, Dona Inès Isabelle, Dona Ana Lucresse et Bernardo Etienne. Ce sont là des noms de
pure convention théâtrale. Mais pour analyser les changements qu'apporte Scarron à une intrigue basée sur des changements de rôles, des
méprises, des jeux de scènes dans le noir, il est nécessaire de résumer
les principaux points de la pièce de Rojas.
Première journée.
Dom Juan et Sancho arrivent à Madrid la nuit. Ils cherchent la
maison de Dom Fernand et de sa fille Inès, que Dom Juan veut

---

15) G. Mongrédien: **Les grands Comédiens du 17ème Siècle**, p.65.
16) Voir **Le Jodelet** vv.140-1, par exemple.
17) P. Morillot: **Scarron et le genre burlesque**, p.270.
18) H. C. Lancaster: **A History of French Dramatic Literature**, t.II,2,
    p.454.

épouser. Une dispute éclate entre maître et valet, car à la suite d'une erreur, c'est le portrait de Sancho qu'Inès aura reçu.

- Bernardo essaie de les éloigner de la maison de Dom Fernand afin de permettre à son maître, Dom Lopé, de descendre du balcon d'Inès. Dom Juan surprend la fuite de Dom Lopé. Soupçonneux, jaloux, il organise un échange de rôle avec Sancho.
(Ces éléments formeront le premier acte de la pièce de Scarron.)
- Inès veut renvoyer Beatris, sa confidente, pour la punir d'avoir introduit Dom Lopé chez elle. Beatris s'assure alors de l'appui de Dom Fernand en faisant mine de soutenir les efforts qu'il déploie pour convaincre Inès d'épouser Dom Juan, riche héritier.
- Intrigue romanesque: Ana, soeur de Dom Juan, vient demander aide à Dom Fernand, vieil ami de son père; elle veut retrouver celui qui l'a séduite et a tué son frère.
- Rebondissement romanesque de l'intrigue: Dom Fernand découvre le coupable, son propre neveu Dom Lopé, lorsque celui-ci vient à son tour lui demander aide. Une lettre de Burgos vient de l'avertir de l'arrivée imminente de Dom Juan. Comme il ignore les intentions matrimoniales de ce dernier, il en conclut qu'il vient pour venger le déshonneur de sa soeur et l'assassinat de son frère.
- Arrivée comique de Sancho qui joue fort mal le noble amoureux.
- Dom Juan découvre en Dom Lopé le visiteur nocturne d'Inès.
(Ceci marque la fin de la première journée espagnole ainsi que la fin du second acte du Jodelet.)

Deuxième journée

- Dom Lopé récompense Beatris de son aide. Elle lui conseille d'employer le registre pathétique pour faire la cour à Inès.
- Inès, se croyant seule, s'apitoie longuement sur son sort, car elle déteste autant Dom Lopé et le faux Dom Juan qu'elle aime le valet.
- Elle reste insensible au pathétique amoureux de Dom Lopé et le renvoie sèchement à 'la dame de Burgos'. Leur altercation attire Dom Fernand et Sancho. Inès est alors obligée de cacher Dom Lopé dans sa chambre et détourne l'attention en réprimandant Beatris. Sancho, voyant en Beatris une mauvaise conseillère, ajoute ses propres insultes.
- Quand Dom Fernand le laisse seul avec Inès, Sancho essaie de lui faire la cour. Incapable de tourner un beau compliment, il oblige Dom Juan à parler pour lui, ce qui permettra aux deux jeunes gens de s'avouer longuement leur amour réciproque en termes ambigus.
- Sancho renvoie Dom Juan et Beatris et, espérant 'goûter un peu de l'arbre nuptial', essaie de baiser de force la main d'Inès. Elle s'enfuit, et Dom Juan revient pour donner la bastonnade à Sancho. Inès revient, et les rôles sont alors inversés: c'est Sancho qui bat son maître.
- Tous quittent la scène, et Ana entre. Elle aperçoit Dom Lopé qui cherche à sortir, et elle essaie de fermer la porte sur son séducteur enfin retrouvé. Dom Lopé méprend Ana pour Inès et lui fait une déclaration d'amour, affirmant qu'il n'avait jamais aimé 'la dame de Burgos'.
- Ana laisse éclater sa colère et appelle Dom Fernand. C'est Dom Juan qui répond à ses appels, la reconnaît et la menace. Dom Lopé

vient à son aide et commence à se battre avec Dom Juan, qui défend à
sa soeur de révéler son identité.
- Le duel est interrompu par Dom Fernand. Dom Juan se hâte de
prendre la parole, mais ce faisant, il reste le seul à ignorer le
rôle de Dom Lopé dans la tragédie familiale.
- Tous les personnages partent à la recherche de Sancho, toujours
considéré comme le fiancé officiel.
(Fin de la deuxième journée espagnole ainsi que du troisième acte de
Scarron.)
   Troisième journée.
- Inès explique à Ana la présence de Dom Lopé dans sa chambre.
- Inès se cache à l'arrivée de Sancho qui, cure-dents à la main,
déclame des stances sur l'honneur, puis fait la cour à Beatris,
venue lui donner les clefs d'une chambre au rez-de-chaussée.
- Pris en flagrant délit de galanterie avec Beatris, Sancho
s'excuse auprès d'Inès.
- Dom Fernand s'efforce de convaincre Sancho de venger son frère
et sa soeur, mais celui-ci le rabroue, l'accusant de 'gendricide
avant la possession'.
- Seul avec Dom Juan, Sancho lui révèle la nature des offences
commises par Dom Lopé. Dom Juan parvient à convaincre Sancho d'attirer Dom Lopé dans la chambre dont il a la clef. Sancho n'accepte
qu'après s'être bien assuré qu'il ne craint rien.
(Ces développements marquent la fin du quatrième acte de Scarron.)
- Beatris rejoue dans des stances la scène où ses avances à Dom
Juan ont été repoussées d'un soufflet. Ana et Inès passent en se
lamentant et les trois femmes sortent quand elles entendent des pas.
- Dom Juan entre et se cache. Entrent ensuite Dom Lopé avec
Sancho, très inquiet de ne pas voir son maître. L'ayant trouvé, il
souffle la bougie. Dom Juan prend sa place et blesse Dom Lopé à la
main.
- L'arrivée de Dom Fernand implique un nouveau changement de
rôle: Sancho doit sortir de sa cachette et fait preuve une nouvelle
fois de sa lâcheté. Outré par les aveux insolents de Dom Lopé, Dom
Juan reprend enfin sa véritable place.
-Le dénouement a lieu en trois moments: l'honneur du frère mort est
vengé par la blessure que Dom Juan vient d'infliger à Dom Lopé;
l'honneur de la soeur est sauvegardé par le mariage; et la jalousie
de Dom Juan est apaisée par l'explication de Dom Lopé quant au rôle
de Beatris et à l'innocence d'Inès.
- Ainsi, le titre espagnol paraît dans le texte, prononcé par Dom
Juan: 'là où il y a offence, il n'y a pas jalousie' (vv. 3113-4).
Lorsqu'il accepte d'épouser Ana, Dom Lopé fait remarquer que 'là où
il n'y a pas jalousie, il n'y a pas offence' (v.3178). A ce moment,
Inès et Ana entrent; chacune offre sa main à son prétendant. Sancho
clôt la pièce, annonçant que c'est la fin de la comédie et que
Beatris et lui vont se marier à leur tour.

   Les changements apportés par Scarron concernent les aspects
dramatiques et vraisemblables d'une part, et le côté comique d'autre
part. Il ajoute seulement une scène (III,3), où Dom Fernand met Isabelle au courant de la situation, ce qui aide la vraisemblance. Dans le

même but, Scarron élimine le jeu de la porte en faisant entrer Lucresse voilée, ce qui permet à Dom Louis de se tromper sur son identité (III,9). Il omet aussi 50 vers à la fin de II,7, où tous parlaient à part avant de quitter la scène ensemble, et les remplace par le court monologue de Dom Juan (II,8) concernant l'identité de Dom Louis. De même, il supprime une trentaine de vers en aparté quand Dom Fernand sort (III,7) et ne retient que ce qui est nécessaire pour traduire l'étonnement des personnages et expliquer leurs réactions quand Dom Juan découvre Dom Louis avec Lucresse (III,10). Les apartés éliminés ralentissaient l'action et nuisaient considérablement à la vraisemblance. C'est pour les mêmes raisons que Scarron allège l'exposition en réduisant les récits de Beatris (II,1) et de Lucresse d'un tiers (II,4) et celui de Dom Louis de deux tiers (II,5).

D'autre part, Scarron ne sacrifie pas tout au vraisemblable; il préfère accentuer le comique partout où il le peut. A cette fin, presque tous les personnages subissent des changements sauf Dom Juan. Scarron accentue le rôle de Jodelet pour en faire le personnage central. Jodelet ne comprend rien à la déclaration indirecte d'amour d'Isabelle à Dom Juan (III,7), mais Scarron lui fait interrompre Isabelle pour donner du mouvement à la scène et pour montrer Jodelet dépassé par l'invention linguistique des amoureux. L'attention du spectateur reste fixée sur Jodelet qui commente la situation dans de longs apartés comiques et qui essaie de tourner le compliments amoureux qu'il ne peut pas finir; les amoureux sont relégués au fond de la scène. Rojas présentait le valet et les amoureux en alternance; Scarron joue la vraisemblance de la simultanéité de l'action et présente le côté comique. Les détails physiques qui se rapportent à Jodelet (vv.141-2, 1622-7) sont ajoutés par Scarron, de même que la plupart des détails de goinfrerie (vv.274-6, 1308) ou sa façon de faire la cour en termes culinaires (v.909, 1318). Quand Isabelle le surprend en train de faire la cour à Beatris (IV,4), il prend les choses de haut, allant jusqu'à la menacer après sa sortie, assumant un ton de docteur ou pédant, citant Aristote, comme dans la Commedia dell'Arte. Lâche comme tout gracioso, Jodelet se montre encore plus lâche quand on l'envoie parler à Etienne (I,2) et quand il faut chercher Dom Louis (IV,7), pensant encore à son ventre (v.1542, voir aussi v.206).

Scarron donne à Beatris un court monologue (vv.362-5), où elle pose son masque. Plus alerte, c'est elle qui propose de cacher Dom Louis et de jouer la comédie devant Dom Fernand (III,6), et elle ose rappeler à Dom Louis qu'elle n'a rien touché pour ses services (vv.753-4). Ses stances (V.1) sont un récit comique de sa tentative manquée de séduire Dom Juan, d'où toute trace de dialogue a disparu, ainsi qu'une parodie littéraire de la poésie amoureuse et du Cid. Scarron lui prête également des connaissances littéraires (vv.780-7) quand elle conseille Dom Louis sur la façon de gagner Isabelle.

Dom Fernand est transformé d'un personnage sérieux en vieillard de la Commedia dell'Arte, le pantalone, qui crache (v.320-3), qui perd ses lunettes (vv.553-4), se considère dans une situation tragique sans penser à sa fille et sans trouver le langage adéquat pour exprimer son dilemme (III,3, voir 'cervelle felée' v.798), et, tel un docteur, se lance dans une tirade contre les jeunes amants (vv.391-400). Cette tirade, une des rares que Scarron ait allongée, a pour effet de faire rire sa fille. Malgré ses connaissances littéraires (vv.450-2, 463-6), et son emploi du langage précieux quand il parle d'étrangler Isabelle (vv.389-90), il utilise un langage de valet vulgaire et disconvenant, employant des proverbes (v.419) et des injures (v.802), et se répétant mécaniquement (vv.648, 664, 672) comme le fait Jodelet.

Etienne joue un rôle beaucoup moins important chez Scarron. Le personnage de Dom Louis est noirci, car il va jusqu'à proposer de tuer son rival (v.850). Il est aussi plus ridicule, car il se trouve dans l'incapacité de payer Beatris (vv.755-7). Dom Juan reste constant et honorable d'une pièce à l'autre, même si Scarron le mêle à de plus nombreux épisodes de farce.

L'Isabelle de Scarron est plus enjouée, notamment avec son père (II,3) et avec Lucresse (IV,1, V,2). Elle considère la possibilité de devenir religieuse sur un ton ironique mais rejette la solution aussitôt. Lucresse, après avoir employé un ton très littéraire au début (II,3), devient plus spirituelle que l'Ana de Rojas (V,2).

Certains éléments de farce sont accentués. Rojas avait déjà esquissé l'échange de coups de bâtons entre Jodelet et Dom Juan (III,7) mais Scarron souligne les gestes par les paroles (vv.1033, 1040-1) et nous nous y attendions depuis que Jodelet avait souligné que cela ferait partie intégrante de l'échange des rôles (vv.269-73). La blessure que Jodelet se fait avec ses étriers et sa bousculade avec Dom Fernand sont de l'invention de Scarron, ainsi que ses propos libres envers les femmes (vv.649-50, 666, 1328, 1333-6). Dans les duels, le jeu de scène traditionnel veut que Jodelet se roule par terre (vv.197-8) et Scarron l'oblige à se battre un moment avant de songer à éteindre la bougie (V,3). Il faudrait ajouter aussi les insultes qui sont plus appuyées chez Scarron, soit quand Jodelet injurie Beatris (Rojas s'arrête à 'chien' et 'porc'), soit quand il invente des insultes tels que 'grimpe-potence'(v.1039) ou 'gripe-manteau'(v.1043), et laisse les invectives moins imagées à Dom Juan (vv.1029-31). Ce développement de la source espagnole est évident quand Jodelet insulte Dom Fernand (IV,5), 'suegro cisma, suegro eterno' (v.2596) (beau-père de discorde, beau-père éternel) devenant:

Beau-pere trop hargneux, beau-pere trop farouche
Beau-pere assassinant, et beau-pere eternel. (vv.1402-3)

Cette amplification d'une idée déjà présente en espagnol à des fins burlesques ressort aussi dans le discours sur les dangers du portrait (vv.35-52), discours dans lequel Scarron brode à partir de deux thèmes, celui de la femme édentée et celui de la bossue. De même dans les stances de Jodelet (IV,2), Scarron ajoute les strophes sur l'ail, les moyens de se battre en duel (vv.1237-45, 1281-1289) et invente le refrain, permettant à Jodelet d'exploiter le jeu de son cure-dents. Le ton ironique de l'espagnol 'soyez béni, Seigneur, qui ne m'avez pas donné d'honneur' quand le gracioso venait de sortir de table, est exagéré ici pour faire rire. Cette extension du comique verbal correspond au rôle plus important de la farce dans **le Jodelet**.

Scarron n'hésite pas à utiliser sa source pour forger des néologismes tels que 'gendricide devant la consommation' (vv.1410-1), Beatricule (v.782, de Beatrizilla) et lachrymule (v.781, de lagrimon ou grosse larme). Mais il invente aussi des jeux de mots, tels que 'fâcheux, fâché (vv.53-4) 'confus, confondu' (v.211) ou 'sans l'obs-

curité, vous me verriez palir' (v.182), de même que des phrases ambiguës
telle que 'je cherche ma valeur' (v.1651). Scarron utilise aussi la
mythologie pour faire rire, par exemple dans la comparaison burlesque de
Beatris à Cerberus (vv.898-900). Par contre, il élimine plus d'une
vingtaine de vers 'fleuris' du monologue d'Isabelle (III,4) qui corres-
pondaient au style précieux de Gongora, sans équivalent en français, et
qui, incompris, ne pouvaient pas se prêter au comique.
  Le dénouement de Scarron suit la source à trois différences
près. Dom Louis accorde Isabelle à Dom Juan, qui à son tour lui présente Lucresse alors que chez Rojas les femmes offrent d'elles-mêmes
leur main. Dom Fernand a son mot à dire, et Scarron ferme le cercle en
revenant au point du départ, au portrait et aux vêtements de Jodelet,
qui reprend ainsi le devant de la scène et menace de déclencher une
dispute burlesque. La possibilité d'un mariage entre Jodelet et Beatris
n'est qu'esquissée, et la pièce se termine sur un ton héroï-comique.
Scarron justifie le titre de la pièce dans la mesure du possible:
  Quand on souffre en l'honneur, l'amour ne touche guère (v.1765)
La réponse de Dom Louis s'écarte toutefois du titre:
  Je pourrois bien encor, espouzant vostre soeur,
  Et vous rendre content, et vous rendre l'honneur. (vv.1799-1800)
  Finalement, Scarron s'assure de la complicité amusée du public
par une série d'allusions à la littérature française, à ses conventions
et à ses thèmes.
  Somme toute, Scarron a suivi de près sa source espagnole,
respectant la structure de chaque scène, voire de chaque tirade, mais en
la traduisant très librement et en l'infléchissant pour créer une
comédie à sa façon, où le comique doit plus à sa propre invention et au
jeu de Jodelet qu'à Rojas. Si ses Espagnols restent espagnols de nom,
l'Espagne devient un pays fictif, un pays conventionnel comme la Sicile
des comédies de Molière. Les références espagnoles à la guerre des
Flandres disparaissent au profit d'allusions à la littérature française
contemporaine. Les personnages, eux, sont profondément transformés;
Jodelet devient le pivot comique de la pièce et Scarron, par de nombreux
détails, s'attache à rendre plus concret le jeu de l'acteur; Beatris
voit son rôle s'intensifier pour faire contrepoids à Jodelet et ajouter
aux éléments de parodie. Dom Fernand devient comique, Isabelle semble
moins éthérée et Lucresse à la fois plus cultivée et plus enjouée. Dom
Louis, par sa vantardise, ses menaces et son revirement lors du dénouement fait piètre figure dans la version française et semble tout aussi
lâche que Jodelet. Scarron élague le rôle de Bernardo par rapport à la
version espagnole. Seul Dom Juan maintient les mêmes caractéristiques
d'une pièce à l'autre. Les modifications que Scarron apporte au texte
de Rojas sont occasionnées par un désir d'accentuer le comique, par un
souci de vraisemblance, et par une recherche de mouvement dramatique.
La plupart des apartés sont éliminés à moins qu'ils n'ajoutent au
comique; les narrations et monologues trop longs sont écourtés ou inter-
rompus. Surtout, Scarron apporte des éléments burlesques et littéraires
mais élimine le côté lyrique ou poétique de Rojas, y compris les images,
métaphores et développements mythologiques qui correspondent à la
tradition espagnole de Gracian et de Gongora mais n'ont pas d'écho en
français. Ce qui souffre dans ces changements, c'est le thème de
l'amour de Lucresse pour Dom Louis. Le spectateur français a du mal à

voir dans ce mariage autre chose qu'une solution conventionnelle de comédie. Rojas avait écrit une comédie de cape et d'épée, romanesque, enjouée plutôt que comique, écrite dans un style noble et élevé. Scarron concevait la comédie autrement, et cherchait à faire rire, écrivant dans un style bas et burlesque, et d'un goût qualifié de douteux par certains critiques. D'un drame, il a fait une comédie que ses contemporains ont beaucoup appréciée.

La Parodie

La parodie est une des constantes comiques de la pièce. Scarron se réfère aux aspects formels des récits et des stances, au **Cid** de Corneille, à d'autres auteurs, et à la préciosité.

Pour ce qui est du récit, Jodelet est le premier à se moquer des conventions littéraires quand il raconte la substitution des portraits, car il perd sa place (v.86), se rend compte qu'il ne parle pas à propos (v.89), puis se déclare 'las de se ressouvenir' (v.109). Au début de l'acte II, Beatris, acculée peu à peu à révéler la vérité, fait une parodie du récit tragique, insistant sur des détails grossiers tels le crachat de Dom Fernand, le mécontentement de Dom Louis qui est obligé d'attendre trop longtemps, et son offre d'argent pour détourner Beatris de son devoir envers sa maîtresse (vv.315-350). Cette parodie du contenu héroïque du récit est renforcée par un langage très varié qui va du latin 'nescio vos' à 'chantay goguette' (familier) ou 'Dariolette' (confidente dans le roman héroïque **Amadis**) (vv.333-4), à la comparaison brebis-lionne (v.346) et aux vers abstraits de la péroraison ironique de Beatris (vv.351-2). Plus tard, Beatris raconte les 'hauts faits' de Jodelet à table (vv.743-750), récit burlesque, suivi de ses conseils d'amour. Nous avons le décalage de l'entremetteuse vénale recommandant l'emploi du langage précieux (vv.770-1), et de grands gestes ou mots d'amour désespérés (vv.772-778), dans une tirade truffée de proverbes (vv.764-766) et d'allusions littéraires (vv.785-7). Ces divers éléments créent une dissonance stylistique comique, qui correspond au divorce entre le langage vide de l'amour et les intentions de Dom Louis.

En ce qui concerne **le Cid**, Jodelet s'y réfère explicitement aux vers 1424-5 mentionnant Rodrigue et Chimène, mais le verbe 'assommer' sert à transposer l'action sur le plan burlesque. La parodie de Corneille qui s'était parodié lui-même dans **le Menteur** (V,2-3) se fait sur deux plans, celui de l'imitation et celui du renversement. Pour l'imitation, nous avons le récit de Lucresse qui, citant des vers d'une tragédie d'un rival de Corneille, Mairet, (vv.457-62), se jette en pleurant aux pieds de Dom Fernand, de même que Chimène se jette aux pieds du roi pour réclamer justice contre le meurtrier de son père (**le Cid**, II,8). A Chimène qui dit 'mes pleurs et mes soupirs vous diront mieux le reste' (v.670) correspond le 'pleurez donc, ô mes yeux, soupirez, ma poitrine' (v.445) de Lucresse prononcé dans des circonstances semblables. Le vers de Chimène 'pleurez, pleurez mes yeux, et fondez-vous en eau' (v.799) est repris par Beatris dans le refrain de ses stances mais dans le registre burlesque:

Pleurez, pleurez mes yeux, l'honneur vous le commande,
S'il vous reste des pleurs, donnez m'en, j'en demande. (vv.1545-6)

Dom Louis reprend presque textuellement un vers de Rodrigue:

Je le ferois encor si je l'avois à faire (v.1698)
pour inciter Jodelet à se battre, comme Rodrigue incitait Chimène à le tuer. Les stances de Jodelet et de Beatris sont une parodie de la situation et des thèmes du Cid dans la mesure où ce sont des domestiques et non des personnages nobles (Rodrigue, l'Infante), qui les prononcent. Dans le Cid (I,6), les stances exprimaient le dilemme tragique de Rodrigue, obligé de venger le soufflet reçu par son père, et déchiré entre des sentiments d'honneur et d'amour; pour Jodelet, le dilemme n'existe pas, et il rejette l'honneur d'emblée. Jodelet maintient la parodie en introduisant dans ses stances la mention d'un soufflet inexistant qu'il réduit par dérision à une mesure de 'cinq doigts mis sur un visage' (v.1264), affirmant qu'on ne s'en offense pas 'quand un barbier y met bien la main' (v.1270) et qu'un 'soufflet vaut mieux que cinq cens' (v.1296), le minimisant et l'exagérant à la fois pour souligner le comique. Rodrigue apostrophe son épée, Jodelet son cure-dents. D'ailleurs, le côté farce d'un duel dans le noir, tout en montrant l'ingéniosité de Jodelet, en fait une parodie du duel tragique. Ce côté bouffon se prolonge avec les commentaires de Jodelet lors de l'intervention de Dom Fernand (vv.1684, 1686, 1695). L'Infante (V,2) considère que Rodrigue, malgré son titre de Cid gagné par sa victoire sur les Maures, n'est toujours pas digne d'elle. Beatris, par contre, se considère l'égale du valet Dom Juan mais est repoussée parce qu'il la considère indigne de lui. Pour l'Infante, il n'y a que 'déplaisirs', 'soupirs' et 'un si long tourment' (vv.1575-9), tous tourments moraux, mais quand Beatris essaie d'attirer Dom Juan en lui offrant de l'argent, il lui donne 'un grand coup dessus le cou' (v.1577) et sa souffrance est physique. L'Infante ne peut 'éteindre son amour' (v.1580) et s'en prend au sort et au destin; Beatris sent que 'son mal la presse' (v.1595) et s'attaque à la destinée. L'Infante conclut que son amour est impossible; Beatris finit en présentant le mal d'amour de façon physique et burlesque (dans le foye, il me brusle vv.1588-9) et en rompant délibérément la vraisemblance quand elle s'adresse directement aux spectateurs sur un ton enjoué pour nous faire remarquer la parodie des conventions tragiques.

Tout ce qui est sérieux, noble et abstrait en ce qui concerne l'honneur de Rodrigue devient plus concret et ridicule dans la bouche de Jodelet qui aime l'ail, ce qui 'n'est point honorable' (v.1242), et qui affirme que ceux qui se battent sont des 'lions rugissans' (v.1292), que les différents moyens de se battre ne valent pas mieux qu'un coup de bâton (v.1288), et qu'il est préférable d'être faquin, gredin ou pied plat que prince ou prélat (vv.1249-1256). De même, Beatris constate la distance entre 'la pompeuse nuit' et son amour repoussé (vv.1548-1562) ou compare 'Néron... qui brusloit Rome' et 'le faux larron (qui) me brusle le foye' (vv.1588-1592). Scarron cherche le comique en rabaissant ce qui est noble et en mettant en même temps l'accent sur ce qui est bas, utilisant à cette fin des comparaisons du genre burlesque.

D'autres allusions littéraires comprennent la référence à **Amadis** (v.452) et à ses personnages (vv.184, 334) et la citation de Mairet (vv.457-462). Isabelle enjoint à Dom Louis de s'en 'aller à Burgos jouer ses Tragedies' (v.862) ce qui nous le fait paraître sous un jour littéraire et irréel. Cette référence théâtrale est renforcée

peu après par Beatris qui avertit Isabelle de l'arrivée de Jodelet et
de Dom Fernand, et propose une véritable mise en scène pour les tromper
(vv.880-1). Jodelet nous donne une parodie du portrait littéraire et de
l'amour qu'il inspire (vv.35-50). Encore une fois, le burlesque suppose
des normes littéraires connues par le spectateur. Dom Louis n'est pas
non plus le parfait amant selon les canons de l'amour précieux; il
s'impatiente (v.328) au lieu de se soumettre à toutes les épreuves
imposées par sa maîtresse, et il se conduit fort mal envers Lucresse.
Avec Isabelle, Jodelet renverse la situation amoureuse classique quand
il demande si elle le trouve à son goût (v.656) et plus tard s'épand en
excuses et en insultes (IV,4), pensant même la battre, contraste total
avec l'amoureux galant. Dans la rencontre de Jodelet et de Beatris
(IV,3) Jodelet déclare son 'feu' précieux en termes de cuisine (épices)
(v.1318). Avant de poursuivre Beatris qui sort, Jodelet prononce trois
vers (vv.1324-6) qui parodient le précieux par l'emploi de la mythologie
(nymphe fuyarde), de l'archaïsme (arde) et du bas (larronnesse).

Structures dramatiques et comiques

L'exposition se répartit sur la première scène de la pièce et
sur les quatre premières scènes du deuxième acte. Les interruptions
impatientes de Dom Juan maintiennent le mouvement dramatique de l'exposition alors que Jodelet assure la présence du ton comique par son récit
de l'échange des portraits. L'action interrompt l'exposition avec
l'entrée en scène d'Etienne, valet agile qui défend les intérêts de son
maître. La descente du balcon de Dom Louis introduit le thème du rival
en amour et constitue un renversement de la situation, provoquant le
premier duel qui sera repris plus tard (III,10 et V,3). Mais le côté
dramatique cède le pas au comique engendré par les gestes et les commentaires bouffons de Jodelet. Pourtant c'est dans cette troisième scène
du premier acte que le noeud de la pièce se forme quand Dom Juan suggère
qu'il faut exploiter l'échange des portraits en échangeant les rôles.
Le titre de la pièce de Scarron prend toute sa signification avec
Jodelet, le valet bouffon, placé au coeur de la pièce, et son maître,
Dom Juan, déguisé en valet. Le spectateur est alors en possession de
tous les éléments qui vont lui permettre de rire de tous les quiproquos
engendrés par cet échange d'identités. Le deuxième acte s'ouvre sur une
autre scène de dispute entre maîtresse et servante qui fait pendant à la
dispute d'ouverture entre Dom Juan et Jodelet. L'exposition se poursuit
par les narrations de Beatris, de Lucresse et de Dom Louis, où nous
trouvons constamment un personnage comique soit comme narrateur
(Beatris), soit comme auditeur (Dom Fernand). Ces narrations font aussi
monter la tension dramatique et confirment l'intrigue. L'entrée de
Jodelet (II,6) est la 'scène à faire', la scène importante du deuxième
acte, présentant une alternance de moments comiques (son entrée et son
manque de politesse) et de moments dramatiques (la dispute entre Dom
Juan et Dom Louis à propos du frère assassiné).

Le troisième acte contient une scène clé comique (III,7) et un
moment dramatique (III,10-11). Dans la septième scène, l'élément
comique apporté par Jodelet dans ses apartés, dans les compliments qu'il
n'arrive pas à formuler et dans les coups de bâtons, contraste avec le
langage ambigu d'Isabelle et la situation romanesque des amoureux. Les

scènes 10 et 11 nous présentent la rencontre dramatique de Dom Juan, de Lucresse et de Dom Louis, et le duel s'engage entre les deux rivaux, rassemblant tout le monde sur scène à la fin de l'acte, sauf Jodelet.

Le quatrième acte est dominé par Jodelet; Dom Louis en est absent, en attendant le duel promis. Les stances de Jodelet sont un autre point fort de la pièce, même si la scène est un morceau de bravoure pour l'appréciation du spectateur et n'ajoute rien à l'action. La scène est d'autant plus comique que le spectateur omniscient sait qu'on cherche Jodelet pour un duel, et son attente n'est pas déçue, car Dom Fernand arrive presque immédiatement. C'est autant le renversement de la situation qui crée le comique que l'ingéniosité de Jodelet à trouver des excuses pour ne pas se battre. A la fin de l'acte, le ton devient plus sérieux quand Dom Juan apprend la gravité des offences de Dom Louis; la jalousie cède le pas à l'honneur. Dans cette situation grave, Jodelet provoque encore le rire du spectateur par sa lâcheté, quand il affirme 'se plaire au séjour de la terre' (v.1530).

Le dénouement est repoussé le plus tard possible et la première partie de l'acte V reste consacrée au rire. Les stances de Beatris font pendant à celles de Jodelet et créent le même effet comique. L'entrée de Lucresse et d'Isabelle est moins exploitée pour augmenter le suspense que pour continuer le ton burlesque de Beatris (amant transi (v.1608), querimonie (v.1633)). L'arrivée de Jodelet (V,3) amène le dénouement, dominé par l'élément de farce que constituent un duel dans le noir et une substitution de duellistes. L'apparition de Dom Juan renforce le côté dramatique, mais ce sont les questions de Dom Fernand, quelque peu médusé par les changements de rôles, qui permettent d'aboutir à un dénouement rapide. Notre attention est détournée du manque de cohérence psychologique, à propos de Dom Louis en particulier, par l'intervention finale de Jodelet qui, toujours habillé en maître, menace de rompre la paix si Isabelle ne lui rend pas son portrait. L'attention se porte beaucoup plus sur Jodelet et sur le comique du personnage que sur la perspective plus sérieuse d'un mariage manqué entre Dom Louis et Lucresse. Le valet a le dernier mot, et Jodelet préfigure l'utilisation que Molière fera de Sganarelle à la fin de **Dom Juan**, où le personnage comique domine la scène et impose un point de vue égoïste et inattendu à la fin. Dans les deux comédies, c'est le valet qui ouvre et qui clôt la pièce.

Scarron exploite Jodelet pour contenir l'aspect dramatique de la pièce à l'intérieur d'un cadre comique. Le premier acte se termine sur le court monologue de Jodelet qui chante les délices de la table. La fin du deuxième acte est dominée par Jodelet qui entraîne tout le monde à sa suite quand il sort, laissant Dom Juan prononcer les derniers vers. Jodelet domine la première moitié du troisième acte, et s'il est absent à la fin, les derniers vers de Dom Juan se rapportent à lui, qu'il craint de retrouver ivre. Dans le quatrième acte, Jodelet occupe la scène presque du début jusqu'à la fin, mais ses dernières répliques alors qu'il sort chercher Dom Louis pour le duel maintiennent le cadre comique et le ton truculent. Après le moment de farce au début du duel, Jodelet se tait pendant le dénouement, où les thèmes sérieux de la vengeance et de l'honneur sont rapidement traités mais il retrouve sa langue et son insolence à la fin de la comédie et redevient le centre de l'attention. Le dramatique est constamment encadré, voir dominé, par le

comique.
     Les personnages comiques prononcent plus de la moitié des vers de la pièce: Dom Fernand prononce 229 vers, Beatris 227 et Jodelet 531. Dom Juan avec 334 vers est le seul personnage sérieux à se trouver dans ce peloton de tête, et Lucresse en a tout juste 140, dont la moitié figurent dans sa première scène 'tragique'.
     Scarron exploite certaines constantes pour créer le comique, la répétition, le retournement de la situation, la farce et le comique de mots. En ce qui concerne la répétition, nous avons déjà relevé son emploi de scènes parallèles, telles que les stances ou les disputes entre maître et valet (I,1, II,1), la similitude des récits désinvoltes de Jodelet (I,1) et de Beatris (II,1) et les monologues en fin de scène (I,3, II,1, II,8). Cette technique de répétition se retrouve dans les duels avec le comique gestuel et verbal de Jodelet (I,3 et V,3) et dans sa faconde pour sortir de situations difficiles, soit à propos du portrait (I,1), soit au début du duel (V,3). Scarron exploite le personnage caché pour des effets dramatiques au troisième acte quand Dom Louis se cache, et pour des effets comiques au quatrième acte quand Isabelle surprend Jodelet en train de faire la cour à Beatris. Les répétitions de Jodelet (raisonnons vv.215-18, fort mal vv.226-231, Cerberus vv.898-900) et de Dom Fernand (mon gendre est un vilain vv.648-72) font de ces personnages des automates. La formule du retournement de situation est également utilisée pour créer un effet comique, quand les stances de Jodelet sont suivies immédiatement de l'invitation au duel, quand la bastonnade de de Dom Juan succède à celle de Jodelet, ou lorsque le renvoi de Beatris est aussitôt annulé par Dom Fernand. Scarron utilise même un double retournement de la situation lorsque Dom Juan doit jouer le rôle du maître et faire la cour à Isabelle à la place de Jodelet (III,7). Les nombreux éléments de farce (les lazzi) dont, par exemple, l'entrée bouffonne de Jodelet, couvert de bijoux (v.621) et qui se blesse en marchant avec ses propres éperons, sont une des constantes de la comédie de Scarron. Le comique de mots abonde en apartés (surtout II,6 et III,7) et en jeux de mots. Le langage burlesque ajoute une dissonance stylistique à une dissonance gestuelle basée sur la farce. Le ton tragique soutenu de Lucresse, par exemple, est en porte-à-faux avec les réactions de Dom Fernand, et c'est cet écart qui crée le comique (II,3). Ce que recherche Scarron, c'est l'effet comique, même si cela nuit à la cohérence du personnage: il fait de Jodelet à la fois un personnage sprituel, capable de jeux de mots sans véritable intelligence, comme le prouve sa naïveté, sa gaucherie et ses répétitions mécaniques; et le revirement de Dom Louis est trop rapide pour être vraisemblable.
     Toutefois, Scarron a trouvé beaucoup de ces procédés comiques chez Rojas, et il ne fait que les accentuer au besoin. Ce qui lui est propre, c'est sa verve linguistique. Nous avons déjà fait remarquer les jeux de mots, l'emploi des néologismes, l'utilisation de styles contrastés, le registre noble et le bas, l'exploitation du langage précieux par Dom Fernand et Beatris quand il n'est pas à propos, les proverbes dont la pièce est émaillée, employés surtout par Beatris mais aussi par Jodelet (v.56,103,139) et par Dom Fernand (v.419), et l'accumulation d'injures, soit par Jodelet (vv.895-900, 1039, 1043), soit par Dom Juan (vv.140-2, 1029-31) entre autres. Scarron utilise aussi un langage

imagé, tel 'faire le chat-huan' (v.25), 'tirer et rengainer la langue' (v.87), 'enfiler la venelle' (v.204), 'bransler les oreilles' (v.248), 'crever comme un boudin' (v.288). Toute la tirade de Dom Fernand, parlant de jeunes amoureux de façon grossière, (vv.387-400), est imagée. De telles expressions familières sont en contraste avec le style noble à l'intérieur même du vers tel que 'quand d'un glaive bien tranchant je seray decoupé' (v.1420) ou 'ressouvien-toy, mortel, que n'aimer que sa gueule' (v.27), qui parodie le syllogisme philosophique. C'est surtout au moyen de cette dissonance stylistique que Scarron cherche le comique de mots dans la comédie, comme dans sa poésie. Le style noble soutenu est bien employé dans le récit de Lucresse (II,3) où Scarron emploie les apostrophes, les sentences, les métaphores, le langage précieux, la correction, l'invocation de la gloire dans la péroraison, et le thème de la fortune pour apitoyer Dom Fernand. Scarron se vante d'avoir écrit la pièce en trois semaines, ce qui fait que la versification n'est pas très soignée et compte de nombreuses rimes pauvres. Certains vers ont même dû être corrigés par la suite pour en faire des alexandrins (voir les variantes des vv.903, 1073).

Dans sa thèse, P. Lerat choisit **le Jodelet ou le Maistre Valet** pour son point de départ, affirmant que c'est le début de la comédie burlesque et qu'il 'n'est pas douteux que le règne soudain de l'esthétique burlesque, qui triomphe dans les années 1643-4, est à l'origine d'un renouveau de la comédie française, dans le sens d'une plus grande part faite au ridicule' (19). Publié en 1645, avec deux éditions en 1646, deux en 1648, trois en 1654, une en 1659, joué par l'Hôtel de Bourgogne dès 1647, aimé par Louis XIV enfant et encore joué devant lui en 1681, joué 15 fois par Molière entre 1659 et 1662 et encore 15 fois avant 1672, et ensuite 217 fois par la Comédie française entre 1680 et 1791, **le Jodelet** a le plus grand succès à long terme des comédies écrites entre **le Menteur** et **les Précieuses ridicules**. Après la mort de Scarron, les éditions complètes abondent avec 13 éditions avant 1786, et nous relevons encore 16 éditions, soit du **Théatre de Scarron**, soit du **Jodelet** dans le **Répertoire du théâtre français** allant de 1767 à 1912. **Dom Japhet d'Arménie** a fait l'objet d'une édition critique en 1953 (20), et **l'Héritier ridicule'** en 1983 (21). Il est temps que **le Jodelet**, ce premier succès de Scarron, maillon important dans le développement de la comédie entre Corneille et Molière et qui a fait tourner la comédie vers le rire, soit disponible et apprécié à sa juste valeur. Avec **le Jodelet**, nous retrouvons la farce intégrée à l'intrigue et une comédie franchement comique.

Il y a une certaine dualité d'action dans **le Jodelet** à cause des deux éléments distincts de l'intrigue, le côté farce ou comique que nous retrouvons surtout chez Jodelet et Beatris, et le côté romanesque incarné par Dom Juan, ce qui provoque différentes émotions dramatiques. On peut effectivement considérer que l'évolution vers un héros unique tel que celui de **Dom Japhet d'Arménie**, où l'intrigue repose sur un

---

19) P. Lerat: **Le Ridicule et son expression dans les comédies françaises de Scarron à Molière**, p.11.
20) par R. Garapon.
21) par R. Guichemerre.

personnage bouffon et extravagant correspond à l'unité d'action formulée par les théories dramatiques de l'époque et pratiquée par Molière. Mais Molière n'hésite pas à exploiter certains éléments de la farce et du langage burlesque dans son oeuvre; il fait appel à Jodelet à son tour quand il écrit **les Précieuses Ridicules**, écrivant une oeuvre parodique et comique, et utilisant la même idée des valets déguisés en maîtres, avec la variante que cette fois ils sont déshabillés sur scène à la fin de la pièce.

Le Jodelet est la pièce qui donne droit de cité au valet et nous présente le prototype de Mascarille, Scapin, Sganarelle, Crispin et Figaro. Le valet prend la même importance scénique et comique que dans la farce ou dans la Commedia dell'Arte. Même **la Suivante** de Corneille n'exploitait pas le potentiel comique d'Amarante de cette façon. Morillot a raison d'affirmer que "Scarron en écrivant **Jodelet** a levé le drapeau de la comédie française en face de celui de la tragédie; il a presque accompli une révolution dans notre théâtre en introduisant la bouffonnerie dans une pièce régulière en 5 actes et en vers, et en faisant monter la farce, des tréteaux où elle était reléguée, sur la scène même où l'on venait d'acclamer **le Cid**. Son Jodelet est devenu le premier type populaire de la comédie française" (22).

Le Texte.

Nous reproduisons le texte de l'édition originale, publiée en 1645. La pièce avait été jouée depuis 1643, avant l'incendie du Marais, et a suivi le succès du **Menteur** (23), mais Scarron a attendu la réouverture du théâtre pour publier le texte. En plus, nous avons recueilli les variantes des éditions du **Jodelet** parues du vivant de l'auteur. Nous utilisons les abbréviations suivantes:
    Var: variante
    LR: leçon rejetée
Nous avons cru utile d'ajouter des jeux de scène, y compris les 'à part' qui sont indiqués dans les éditions de **Jodelet** dans les divers **Répertoires** depuis le 18ème siècle. Ceux-ci sont indiqués par ( ). Nous avons reproduit l'orthographe de l'édition originale à cela près que nous distinguons le 'i' du 'j', le 'u' du 'v', le 'a' du 'à', et le 'ou' du 'où'. Nous en avons aussi respecté la ponctuation, sauf là où elle aurait nui à la compréhension du texte.

---

22) P. Morillot, ibid. p.279.
23) Voir W. Deierkauf Holsboer: **Histoire de l'Hôtel de Bourgogne**, t.2, p.52; P. Lerat: ibid. p.12; R. Garapon dans son édition du **Roman Comique** (1980), p.12, indique la prochaine publication d'un article qui place **l'Héritier ridicule** en 1649, et **Dom Japhet d'Arménie** en 1651-2.

BIBLIOGRAPHIE

Editions du **JODELET**.

A   LE // JODELET // OU LE // Me VALET.// COMEDIE // de M. de SCARRON // A PARIS // Chez TOUSSAINCT QUINET, au Palais,// sous la montée de la Cour des Aydes.// MDCXXXV // Avec Privilege du Roy.// In 4°. B.N. Rés. Yf1438.
Il y a une deuxième édition identique en tout à celle-ci sauf la date d'imprimé (1646), B.N. Ye 1272 et Arsenal Rf 7.133 (coll. Rondel).

B   LE // JODELET // OU LE Me VALET.// COMEDIE // de SCARRON // A PARIS // CHEZ TOUSSAINCT QUINET etc. 1646 in 12°. B.N. Yf 11563. Véritable deuxième édition.

C   LE // JODELET // OU LE // Me VALET// ... QUINET, Paris, 1648 in 4°. B.N. Rés Ye 645, B.N. Yf 600, Arsenal B.L. 9319. Troisième édition semblable à B pour certaines corrections.

D   LE // JODELET // OU LE // Me VALET // COMEDIE // de // SCARRON // Suivant la copie imprimée à Paris... 1648 in 12°. Edition elzévirienne. B.N. Yf 11564, Arsenal Rf 7133 (Coll. Rondel).

E   LE // JODELET // OU LE // Me VALET // COMEDIE // de SCARRON // chez Antoine Ferrand à Rouen, 1654 in 8°, réédité en 1655 dans le volume IV du RECUEIL des OEUVRES de SCARRON. B.N. Ye 7863.

F   LE // JODELET // OU LE // Me VALET // dans OEUVRES de SCARRON à Troyes, chez Nicolas Oudot, 1654. B.N. Ye 7867.
Les éditions de Ferrand (E) et d'Oudot (F) sont des copies, erreurs comprises, de l'édition originale avec quelques erreurs supplémentaires.

G   OEUVRES de SCARRON,// à Paris chez Guillaume de Luyne, 1654 in 12°. Arsenal 8° NF 4302.

H   OEUVRES de SCARRON,// à Paris chez Guillaume de Luyne // 1659 in 12°, vol 4. B.N. Ye 7821 (identique à l'édition de 1663). Dernière édition imprimée du vivant de Scarron.
L'édition de 1654 chez Guillaume de Luyne, qui avait pris la succession de Toussainct Quinet corrige certaines erreurs mais en crée d'autres. Elle sera l'édition de base pour toutes les éditions suivantes, soit chez de Luyne lui-même, soit à partir de 1695 chez son successeur Michel David.

I   A partir de 1785, dans la **Petite Bibliothèque des Théâtres** (Paris), et dans les divers **Répertoires du Théâtre français,** qui parurent entre 1818 et 1863, nous trouvons beaucoup d'indications de jeux de scène, qui manquent dans les éditions des **Oeuvres** de Scarron, et que nous avons cru utile d'ajouter à côté des variantes.
Les éditions de Scarron ont fait l'objet d'une étude minutieuse

d'Emile Magne: **Bibliographie des Oeuvres de Scarron**, Paris, 1924.

ETUDES.

BAR, F.	Le Genre burlesque en France au $17^{\text{ème}}$ siècle, Paris, 1960.
COSNIER, C.	'Jodelet, un acteur du $17^{\text{ème}}$ siècle devenu type', **Revue d'Histoire littéraire de la France**, 1962, pp. 329-52.
EMELINA, J.	Les Valets et les servantes dans le théâtre comique en France de 1610 à 1700, Grenoble, 1975.
GARAPON, R.	La Fantaisie verbale et le comique dans le théâtre français du Moyen Age à la fin du $17^{\text{ème}}$ siècle, Paris, 1957.
GARAPON, R.	'Du baroque au classicisme. Le théâtre comique', **Dix-Septième siècle**, 20, 1953, pp.259-265.
GRÖHLER, H.	'Paul Scarron als Komödiendichter', **Zeitschrift für französische Sprache und Litteratur**, XII, 1890, pp.27-66.
GUICHEMERRE, R.	La Comédie avant Molière, Paris, 1972.
KORITZ, L.S.	Scarron satirique, Paris, 1977.
KRÄMER, U.	Originalität und Wirkung der Komödien Paul Scarrons, Genève, 1976.
LANCASTER, H.C.	A History of French Dramatic Literature in the 17th Century, t. II,2, Baltimore, 1929.
LERAT, P.	Le Ridicule et son expression dans les comédies françaises de Scarron à Molière, Lille, 1980.
MAGNE, E.	Scarron et son milieu, Paris, 1924.
MARTINENCHE, E.	La Comedia espagnole en France de Hardy à Racine, Paris, 1900.
MONGREDIEN, G.	Dictionnaire biographique des comédiens français du $17^{\text{ème}}$ siècle, Paris, 1961.
MONGREDIEN, G.	La Vie quotidienne des comédiens au temps de Molière, Paris, 1966.
MOORE, F.W.	The Drama of Paul Scarron, thèse inédite, Yale, 1956.
MORILLOT, P.	Scarron et le genre burlesque, Paris, 1888.
SCHERER, J.	La Dramaturgie classique en France, Paris, 1959.
WITTMAN, B.	'Donde ay agravios, no ay zelos' von Rojas Zorrilla, Genève, 1962.

LE
IODELET
OV LE
Mᵉ VALET
COMEDIE

A PARIS,
Chez TOVSSAINCT QVINET au Palais,
sous la montée de la Cour des Aydes.

M. DC. XXXXV.
AVEC PRIVILEGE DV ROY.

A

Monsieur

Le Commandeur

de Souvré

Monsieur,
    Il faudroit que je fusse aussi ingrat que malade, si je ne vous dédiois pas ma Comedie, et aussi fou qu'ingrat si je pretendois en vous la dédiant, me desgager assez envers vous des obligations que je vous ay. Je vous paye seulement une petite partie d'une debte dont je ne me pourray jamais acquitter, ou plûtost je vous donne une chose en laquelle vous avez déja grande part, puis que je ne l'ay pû faire que lors que mes maux m'ont donné quelque relasche, et que c'est vous qui me les avez rendus plus supportables qu'ils n'estoient en me faisant toûjours l'honneur de m'aimer tout malheureux que je suis. Et ce bonheur là dont je ne puis trouver en moi la cause, mais seulement en vôtre generosité, me console si bien que j'ose quelquefois me vanter de rire la plume à la main contre les plus enjoüez et les plus heureux. Je ne doute point que quelques-uns ne disent que ma Comedie n'est qu'une farce, et si je me vante de l'avoir faite en trois semaines, qu'il ne se puisse trouver quelque homme triste, qui me vienne rompre dans la visiere, en me disant que j'ay escrit bien des sottises en peu de temps. Mais vous voulez bien, Monsieur, que je me serve de vôtre nom pour le confondre, et que je luy dise que vous n'estes pas de ceux qui rient d'une chose froide, ou qui se laissent emporter au rire des autres, et cependant qu'elle vous a pleu. A vous dont l'esprit et la conduite ont paru avec esclat dans quatre ou cinq Cours les plus renommées et les plus delicates de l'Europe. Je voudrois qu'aussi bien que vostre esprit il fust icy à propos de parler de vostre courage, que vous avez exercé si dignement dans la France, dans l'Italie et dans les Mers de Levant. Mais l'Histoire de nostre temps ne s'en taira pas, et certes elle vous fera grande injustice, si toutes les fois qu'elle parlera de vous, elle ne le fait avec Eloge, et si elle espargne rien du lustre qu'elle a accoustumé de donner aux belles actions, toutes les fois qu'elle parlera des vôtres, ou nommera les lieux où vous les aurez faites. Je ne vous amuseray pas davantage avec mon Epistre Liminaire, les meilleures de ce genre là sont les plus courtes, parce qu'elles importent le moins: Je la finiray donc comme on finit toutes les autres, en vous asseurant que je suis de toute mon ame,

Monsieur,

Vostre tres-humble, tres-obeïssant

et tres-obligé serviteur,

Scarron.

Privilege du Roy.

Louis par la Grace de Dieu, Roy de France et de Navarre. A nos amez et feaux Conseillers les Gens tenans nos Cours de Parlement, Maistres des Requestes ordinaires de nostre Hostel, Baillifs, Seneschaux, Prevosts, leurs Lieutenants et à tous autres de nos Justiciers et Officiers qu'il appartiendra Salut. Nostre cher et bien amé Toussainct Quinet Marchand Libraire de nostre bonne ville de Paris, Nous a faict remonstrer qu'il desireroit faire imprimer une piece de Theatre intitulé **le Jodelet** ou **le Maistre Vallet, Comedie de Scarron**, ce qu'il ne peut faire sans avoir sur ce nos lettres, humblement requerant icelles. A ces causes desirant favorablement traitter ledit exposant, nous luy avons permis et permettons par ces presentes de faire imprimer vendre et debiter en tous lieux de nostre obeissance ledit livre en telle marge et tels caracteres et autant de fois que bon luy semblera, durant le temps et espace de **cinq ans**, entiers et accomplis, à compter du jour que ledit livre sera achevé d'imprimer pour la premiere fois, et faisons tres expresses deffences à toutes personnes de quelques qualité et condition qu'elles soient de l'imprimer, faire imprimer vendre ny debiter durant ledit temps en aucun lieu de nostre obeissance, sans le consentement de l'exposant sous pretexte d'augmentation, correction, changement de tiltre, fauces marques, ou autres en quelques sortes et manieres que ce soit, à peine de trois mil livres d'amende payable sans deport, Nonobstant oppositions ou appellations quelconques par chacun des contrevenans, applicable un tiers à nous, et un tiers à l'Hostel Dieu de nostre bonne ville de Paris, et l'autre tiers audit exposant, confiscation des exemplaires contrefaicts, et de tous depens dommages interests à condition qu'il en sera mis deux exemplaires en nostre Bibliothecque publique, et un en celle de nostre tres cher et feal le Sieur Siguier Chevalier Chancelier de France, avant que de les exposer en vente, à peine de nullité des presentes, du contenu desquelles nous vous mandons que vous fassiez jouir et user pleinement et paisiblement ledit exposant, et tous ceux qui auront droict de luy sans aucun empeschement, voulons aussi qu'en mettant au commencement ou à la fin dudit livre un extraict des presentes, elles soient tenues pour deuement signifiées, et que foy y soit adjoutée, et aux copies d'icelles collationnées par l'un de nos amez et feaux Conseillers & Secretaires comme à l'Original. Mandons aussi au premier nostre Huissier ou Sergent sur ce requis de faire pour l'execution des presentes tous exploits necessaires, sans demander autre permission. Car telle est nostre plaisir, nonobstant Clameur de Haro, et Chartres Normandes, et autres lettres à ce contraires. Donné à Paris, le vingtcinquiesme jour d'Avril, l'an de grace mil six cens quarante cinq, et de nostre regne le deuxiesme.

Par le Roy en son Conseil,

Le Brun.

Achevé d'imprimer pour la premiere fois le vingtsixiesme May, 1645.

Les Exemplaires ont esté fournis.

PERSONNAGES.

DOM JUAN,   d'Alvarade.
DOM LOUIS,   de Rochas.
DOM FERNAND,   de Rochas.
ISABELLE,   de Rochas.
LUCRESSE   d'Alvarade.
JODELET,   valet de DOM JUAN d'Alvarade.
ESTIENNE,   valet de DOM LOUIS de Rochas.
BEATRIS,   servante d'ISABELLE.

La SCENE est à Madrid.

JODELET

ou le

MAISTRE VALET

Comedie

ACTE I

SCENE PREMIERE

JODELET, DOM JUAN.

JODELET.
Ouy, je n'en doute plus, ou bien vous estes fou,
Ou le Diable d'Enfer qui vous casse le cou
A depuis peu chez vous esleu son domicille.
Arriver à telle heure en une telle ville,
5   Courir toute la nuit sans boire ny manger,
Menacer son valet, et le faire enrager...

DOM JUAN.
Taisez-vous maistre sot, cette rue où nous sommes
Est celle que je cherche.

JODELET.
                        O le plus fou des hommes!
Et qu'y voulez vous faire apres minuit sonné?
10 Aller voir Dom Fernand?

DOM JUAN.
                        Oüy tu l'as deviné,
Je veux des cette nuit aller voir Isabelle.

JODELET.
Dés cette nuit plustost vous broüiller la cervelle,
Si cervelle chez vous est encore à broüiller.

DOM JUAN.
Si faut il Jodelet te resoudre à veiller,

(Acte I le théâtre représente une rue dans laquelle est la maison de
        Dom Fernand. Il est nuit.)
Var: 9   Et que voulez vous faire   D
LR: 9   Et qui voulez vous faire   A,E,F.

15 Quelque las que tu sois, quelque faim qui te tüe,
Je ne suis pas d'avis de sortir de la rüe,
Sans avoir veu de pres l'objet de mon amour,
Le deussay-je chercher jusques au point du jour.

     JODELET.
Ressouvien toy, mortel, qu'il est tantost une heure
20 Que l'on n'ouvrira point où Dom Fernand demeure,
Que nous sommes partis ce matin de Burgos,
Que tantost sur mulets, et tantost sur chevaux
Nous avons vous et moy, grace à vostre Himénée,
Couru comme des foux le long de la journée,
25 Et que toute la nuit faire le Chat-huan
Est tres grande folie au Seigneur Dom Juan.

     DOM JUAN.
Ressouvien toy, mortel, que n'aymer que sa gueule,
Que ne vivre icy bas rien que pour elle seule,
Est estre pis que beste, et donc, ô Jodelet,
30 Vous n'estes qu'une beste, habillée en valet.

     JODELET.
Que je hay les railleurs!

     DOM JUAN.
       Que je hay les yvrognes!

     JODELET.
Que je hay les Amans et leurs mourantes trognes!

     DOM JUAN.
Moy, que j'ayme Isabelle, et que son seul portrait
Me perce jusqu'au coeur d'un redoutable trait!

     JODELET.
35 Vous estes donc de ceux qu'une seule peinture
Remplit de feu Gregeois, et met à la Torture,
Et si Monsieur le Peintre a bien fait un museau,
S'il s'est heureusement escrimé du pinceau,
S'il vous a fait en toille un adorable idole,
40 L'original peut estre une fort belle folle,
Sa bouche de Corail peut enfermer dedans
De petits os pourris au lieu de belles dents.
Un pourtrait dira t'il les deffauts de sa taille?
Si son corps est armé d'une jacque de maille?
45 S'il a quelques esgouts outre les naturels?
(Accident tres-contraire aux appetits charnels!)
Enfin si ce n'est point quelque horrible Squelette
Dont les beautez la nuit sont dessous la toilette?
Ma foy si l'on vous voit de femme mal pourveu,
50 Puisque vous vous coiffez devant que d'avoir veu,
Vous ne serez pas plaint de beaucoup de personnes.

DOM JUAN.
Sçay tu bien, Jodelet, alors que tu raisonnes,
Qu'il n'est pas sous le Ciel un plus fascheux que toy.

JODELET.
Il n'est pas sous le Ciel un plus fasché que moy
55 Quand il faut à tastons courir de rue en rue,
Ou dessous un Balcon faire le pied de grue.

DOM JUAN.
Jodelet.

JODELET.
Dom Juan.

DOM JUAN.
Sans doute mon portrait
Envers mon Isabelle aura fait son effet,
J'y suis peint à ravir.

JODELET.
Je sçay bien le contraire.

DOM JUAN.
60 Que dis tu?

JODELET.
Je vous dis, qu'il n'a fait que desplaire.

DOM JUAN.
D'où diable le sçay tu?

JODELET.
D'où? je le sçay fort bien,
Parce qu'au lieu du vostre elle a receu le mien.

DOM JUAN.
Traistre, si tu dis vrai - mais je croy que tu railles-
J'iray chercher ta vie au fonds de tes entrailles.

JODELET.
65 Venez la donc chercher, car je ne raille point,
Mais en frappant mon corps, espargnez mon pourpoint.

DOM JUAN.
Ne pense pas tourner la chose en raillerie,
Di, comment l'as-tu fait?

JODELET.
Vous estes en furie.

DOM JUAN.
Ouy, j'y suis tout de bon, je n'y fus jamais tant.

JODELET.
70 Lors qu'avec bon congé du Cardinal Infant,
Et lettres de faveur nous partismes de Flandre.

DOM JUAN.
Et bien.

JODELET.
Escoutez donc, et vous l'allez apprendre,
Le desir violent de vous voir à Burgos
Vous fit aller bien viste, et par monts et par vaux,
75 Le voyage fut court, mais à vostre arrivée
Un frere mis à mort, une soeur enlevée,
Sans sçavoir où, par qui, ny pourquoy, ny comment
Vous penserent quasi gaster le jugement.

DOM JUAN.
A quel propos, meschant, viens-tu r'ouvrir ma playe
80 Par le ressouvenir d'une perte trop vraye?
Ha! frere non vengé, soeur qui m'ostes l'honneur,
Et de ton assassin et de ton suborneur,
Je sçauray par mon bras si bien me satisfaire
Que je pourray vanter ce que j'avois à taire:
85 Mais venons au Portrait.

JODELET.
J'y vais tant que je puis,
Mais ma foy je ne sçay quasi plus où j'en suis,
Je ne fay que tirer et rengainer ma langue,
Car vous interrompez à tous coups ma harangue,
Je n'ay pourtant rien dit qui ne soit à propos.

DOM JUAN.
90 Que ne raconte-tu la chose en peu de mots?

JODELET.
Je ne puis ny parler tandis qu'un autre cause,
Pour moy, je dis tousjours par ordre chaque chose:
Or pour vostre pourtrait que j'avois oublié...

DOM JUAN.
Jamais ses longs discours ne m'ont tant ennuyé.

JODELET.
95 A peine fusmes nous de retour en Castille
Que Fernand de Rochas vous proposa sa fille:
Là dessus son Portrait qui vous fut apporté

Var: 75 à nostre arrivée C,G,H.

Vous rendit plus bruslant que le Soleil d'Esté,
Vingt mil escus estoient offerts avec la belle,
100 Et vous pour la charmer comme vous l'estiez d'elle,
Vous voulustes aussi qu'elle eust vostre Portrait,
Ainsi vous la frappiez avec son mesme trait:
Lors à bon chat bon rat, et la pauvre Donzelle
Estoit pour en avoir profondement dans l'aisle,
105 Le stratageme estoit d'Amant bien rafiné,
Mais le Ciel autrement en avoit ordonné.

DOM JUAN.
En fin, finiras tu quelque jour ton histoire?

JODELET.
Ouy Seigneur, mais il faut vous remettre en memoire,
Car pour moy je suis las de me ressouvenir.

DOM JUAN.
110 Fusse tu las aussi de tant m'entretenir,
J'ay bien icy besoin de patience extréme.

JODELET.
Vous vous souviendrez donc que vostre Peintre mesme
Me voulut peindre aussi.

DOM JUAN.
Poursuy, je le sçay bien.

JODELET.
Sçavez-vous bien aussi qu'il ne m'en cousta rien,
115 Et que ce bon Flamand est brave homme, ou je meure.

DOM JUAN.
Et bien croy-tu pouvoir achever dans une heure,
As-tu bruslé, vendu, beu, mangé mon Portrait?
L'ay-je encore, l'a t'elle, en fin qu'en as-tu fait?

JODELET.
Donnez moy patience, et vous l'allez apprendre:
120 Mais retournons chez nous, et laissons-là la Flandre.
Comme j'estois apres à vous empaqueter,
Vous sçavez que je suis tres facile à tenter,
Et que le Ciel m'a fait curieux de nature,
Pour vostre grand malheur j'avisay ma peinture,
125 Celle qu'au Païs-bas comme je vous ay dit,
Sans qu'il m'en coutast rien vostre Peintre me fit,
Je la mis aussi tost vis à vis de la vostre,
Pour voir si l'une estoit aussi belle que l'autre:
Lors je ne sçay comment le Diable s'en mesla,
130 Ni ne vous puis conter comment se fit cela,

LR 120: Et laissons l'a la Flandre A,F.

       La mienne prit la poste, et la vostre restée
       Fit que j'eus quelques jours la teste inquietée,
       Mais le temps qui dissipe et chasse les ennuis,
       M'ayant favorisé de quelques bonnes nuits,
135   Je me suis defasché de peur d'estre malade.
       Vous si vous me croyez, sans faire d'incartade,
       Vous ne songerez plus au mal que j'ay commis,
       Puis que c'est par mesgarde, il doit estre remis,
       Voilà la verité, comme on dit, toute nuë.

                         DOM JUAN.
140   Et qu'aura-t'elle dit de ta face cornuë?
       Chien, qu'aura t'elle dit de ton nez de Blereau?
       Infame.

                         JODELET.
       Elle aura dit que vous n'estes pas beau,
       Et que si nous estions artisans de nous mesmes,
       On ne verroit partout que des beautez extrémes,
145   Qu'un chacun se feroit le nez effeminé,
       Et que vous l'avez tel que Dieu vous l'a donné:
       Mais que mal à propos peu de chose vous choque,
       Si vous pouvez demain luy conter l'equivoque,
       Quand elle vous verra brillant comme un Phebus,
150   Vous me remercirez d'un si plaisant abus.

                         DOM JUAN.
       Paix là, je voy quelqu'un qui sçaura bien peut estre
       Où loge Dom Fernand, va le joindre.

                         JODELET.
                                    Mon maistre.

                         DOM JUAN.
       Que veux-tu? parle bas.

                         JODELET.
                           Peut estre il n'en sçait rien.

                         DOM JUAN.
       Ha malheureux poltron! tu meriterois bien
155   Qu'il te donnast cent coups.

                         JODELET.
                             Il le pourra bien faire.
Cavalier!

       _____
       (156 à Estienne)

SCENE II

ESTIENNE, JODELET, DOM JUAN.

ESTIENNE.
Qui va là?
JODELET.
Soit dit sans vous desplaire,
Où loge Dom Fernand?

ESTIENNE.
C'est icy sa maison.

JODELET (**Haussant la voix**).
Ha vrayement pour le coup mon Maistre avoit raison.
Le beau père est trouvé, venez vite son gendre,
160 Nous n'avons qu'à fraper.

ESTIENNE.
Et moy je vien d'apprendre
Que je suis un vray sot de leur avoir monstré
Où mon maistre tantost est en cachette entré,
Et d'où je le tiens prest de sortir tout à l'heure,
Mais j'y veux donner ordre.

DOM JUAN.
Est-ce icy qu'il demeure?

ESTIENNE.
165 Ouy, mais il est malade, et n'aime pas le bruit.
Quelles gens estes vous?

JODELET.
Nous n'allons que la nuit,
Nous portons à la nuit amitié singuliere,
Et serions bien faschez d'avoir veu la lumiere:
Nous sommes de Norvege, un païs vers le Nort,
170 Où maudit d'un chacun est tout homme qui dort:
Pour moy je ne dors point, voyez vous là mon maistre?
C'est le plus grand veilleur, qui se trouve peut estre.

ESTIENNE.
Ou plustost un volleur qui me fera raison
De m'avoir l'autre jour surpris en trahison,
175 Ouy, je le connois bien, et vous estiez ensemble.

JODELET.
Homme un peu bien colere, et bien fou, ce me semble,
Sçachez si nous l'estions la moitié tant que vous,

Var: 158   pour ce coup   G,H.   (160 à part)
    (164 à Estienne)   Var: 169   Norvegue   G,H.

```
            Que de ma blanche main vous auriez mille coups,
            Et si vous ne fuyez, que cette mienne lame
        180 N'aura plus de fourreau que celuy de vostre ame:
            Mon maistre avancez vous, je commence à mollir,
            Et sans l'obscurité vous me verriez palir.
                            DOM JUAN.
            A moy Rustaut,à moy que je vous civilise.
                            ESTIENNE.
            Si faut il, Tenebreux, que je vous depayse,
        185 A deux cens pas d'icy, quoy que vous soyez deux,
            Si vous osez me suivre on s'y battra bien mieux.
                            DOM JUAN.
            Ouy-da, je vous suivray.
                            JODELET.
                        La peste comme il drille,
            J'ay pourtant eu frayeur de ce chien de soudrille,
            Autrement sans peril je luy cassois les os:
        190 Foin je n'auray jamais poltron plus à propos,
            Mais d'où diable est sorty cét autre vilain homme?

                            SCENE III.
                    DOM LOUIS, JODELET, DOM JUAN.
                      Dom Louis descend du balcon.
                            DOM LOUIS.
            Estienne.
                            JODELET.
                    L'on y va?
                            DOM JUAN.
                        C'est son valet qu'il nomme,
            Celuy qui devant nous vient de gagner au pié.
                            DOM LOUIS.
            Ou je me trompe fort, ou je suis espié,
        195 Mais la rumeur icy troubleroit Isabelle,
            Et je dois mespriser l'honneur pour l'amour d'elle,
            Fuyons puisqu'il le faut.
```
───────────────────

    (179 tirant son épée)   (181   à Dom Juan)
    (183 mettant l'épée à la main)
    (184 bas, puis 185 haut)
    (187 Il joint Estienne qui ferraille en reculant et se sauve)
    (192 Dom Louis descend du balcon avec une échelle de corde, appelle
          son valet)   (192   bas à Dom Juan qui lui répond)
Var: 192 Qui va là? I.   (194 à part)

DOM JUAN.
              Demeure, ou tu es mort.
Demeure encor un coup.
                JODELET.
              Diantre qu'il pousse fort.

           DOM JUAN.
Dis ton nom vistement, ou je t'oste la vie.
                JODELET.
200 Je suis Dom Jodelet natif de Sigovie.

           DOM JUAN.
Au Diable le maraut, et l'homme du Balcon?
                JODELET.
Il s'en est envolé leger comme un faucon,
Et moy sot que je suis je vuidois sa querelle,
Tandis que le poltron enfiloit la venelle.
205 De deux grands vilains coups que vous m'avez poussez,
J'ay crû mes intestins par deux fois offensez,
Vous estes un peu prompt, mais de grace mon maistre,
On sort donc à Madrid ainsi par la fenestre?
Vous ne me dittes mot?

           DOM JUAN.
            L'as-tu bien entendu?
                JODELET.
210 Ouy.
           DOM JUAN.
J'en suis tout confus.
                JODELET.
               Et moy tout confondu.

           DOM JUAN.
Je ne doy pas icy rien faire à la volée.
                JODELET.
Vous avez, ce me semble, un peu l'ame troublée.

           DOM JUAN.
Ouy je l'ay, Jodelet, et j'en ay du sujet,
Mais raisonnons un peu là dessus.
_____
    (197-8 Dom Louis se retire. Dom Juan met l'épée à la main, cherche
    Dom Louis, rencontre l'épée de Jodelet, qui tombe à terre d'effroi,
    couché sur le dos, et pare de bas en haut les bottes que pousse son
    maître)

JODELET.
C'est bien fait.
215 Raisonnons, aussi bien j'en ay tres grande envie,
Et je ne pense pas durant toute ma vie
Avoir esté jamais en mes raisons si fort:
Raisonnons donc mon maistre, et raisonnons bien fort.

DOM JUAN.
Je suis né dans Burgos pauvre, mais d'une race
220 Exempte jusqu'à moy de honte et de disgrace.

JODELET.
Fort bien.

DOM JUAN.
A mon retour de la guerre à Burgos
Je me trouve attaqué de deux differens maux,
Le meurtre de mon frere, et ma soeur enlevée,
Quoy que soigneusement dans l'honneur eslevée,
225 Me causent un chagrin qui n'eut jamais d'esgal.

JODELET.
Fort mal, fort mal, fort mal, et quatre fois fort mal.

DOM JUAN.
Dom Fernand me choisit pour espoux d'Isabelle,
Ton pourtrait pour le mien est receu de la belle.

JODELET.
Pas trop mal.

DOM JUAN.
Nous traittons cette affaire sans bruit,
230 Et je pars pour Madrid où j'arrive de nuit.

JODELET.
Un peu mal.

DOM JUAN.
Sans songer à me chercher un giste,
Mon amour droit icy m'ameine.

JODELET.
Un peu trop viste.

DOM JUAN.
Je rencontre un valet où loge Dom Fernand,
Qui me fait à dessein querelle d'Alemand,
235 J'en voy sortir son maistre.

JODELET.
Il est vray, qui destale

Comme un poltron qu'il est.

DOM JUAN.
Mais de peur du scandale,
Certes il ne vint point à nous comme un poltron.

JODELET.
Comment y vint-il donc le malheureux larron?

DOM JUAN.
Il y vint, Jodelet, comme aymé d'Isabelle.

JODELET.
240 Fort mal.

DOM JUAN.
Et c'est cela qui me met en cervelle.

JODELET.
Raisonnons donc encore.

DOM JUAN.
Ah ne raisonne plus,
Tes sots raisonnemens sont icy superflus.
Atten, certain conseil que l'amour me suggere
Guerira mes soupçons, c'est en toy que j'espere:
245 Il faut que des demain, ô mon cher Jodelet,
Tu passes pour mon maistre, et moy pour ton valet:
Ton portrait supposé fait icy des merveilles,
Qu'as-tu, cher Jodelet, tu bransle les oreilles?

JODELET.
Tous ces deguisemens sentent trop le baston,
250 J'ayme mieux raisonner, et puis que diroit on,
Dom Juan est valet, et Jodelet est maistre?
Et si par grand malheur, car enfin tout peut estre,
Vostre maistresse m'aime, et si je l'aime aussi?

DOM JUAN.
De cela Jodelet, ne prend aucun soucy,
255 Le mal sera pour moy, mais durant cette feinte
Les trop justes soupçons dont mon ame est atteinte
Pourront estre esclaircis, car comme Jodelet
Je feray confidence avecque ce valet,
Je feray l'amoureux de la moindre soubrette,
260 Mes presens ouvriront l'ame la plus secrette,
Toy mangeant comme un chancre, et buvant comme un trou,
Paré de chaine d'or comme un Roy de Perou,
Sans prendre aucune part à ma melancolie...

Var: 236 de peur de scandale G,H.   (248 Jodelet remue la tête)

JODELET.
Je commence à trouver l'invention jolie.

DOM JUAN.
265 Chez le bon Dom Fernand tu seras regalé,
Et moy de mes soupçons sans cesse bourrelé,
Je me verray reduit à te porter envie
Sans espoir de guerir durant ma triste vie.

JODELET.
Et je ne pourray pas pour mieux representer
270 Le Seigneur Dom Juan quelque fois charpenter
Sur vostre noble dos? Bien souvent ce me semble,
Vous en usez ainsi.

DOM JUAN.
Quand nous serons ensemble
Tous seuls et sans tesmoins, ouy je te le permets.

JODELET.
Potages mitonnez, savoureux entremets,
275 Bisques, pastez, ragous, enfin dans mes entrailles
Vous serez digerez, et vous lasches canailles,
Courtisans de Madrid, luisans, polis et beaux,
Nous vous en fournirons des cocus de Burgos.

Fin du premier Acte.

Var: 264   intention G.
Var: 269   Et ne pourray-je pas   G,H.
   (273 Dom Juan sort, Jodelet seul)

ACTE II

SCENE PREMIERE

ISABELLE, BEATRIS.

ISABELLE.
Croyez moy, Beatris, faites vostre paquet,
280   Sans penser m'esblouïr avec vostre caquet,
Je ne veux plus de vous.

BEATRIS.
    Et du moins que je sçache
Pour quel mal contre moy ma maitresse se fasche?

ISABELLE.
Vous ne le sçavez pas?

BEATRIS.
    Ma foy si j'en sçay rien,
Ne puissay-je jamais hanter les gens de bien!

ISABELLE.
285   N'importe, je vous chasse.

BEATRIS.
    Et bien donc patience,
Je n'ay pourtant rien fait contre ma conscience,
Et je veux si jamais j'ay contre vous manqué
Crever comme un boudin que l'on n'a pas picqué:
Tout ce mal-cy me vient de quelque ame traistresse,
290   Et tout mon peché n'est qu'aimer trop ma maistresse,
Vrayment l'on dit bien vray que tousjours les flateurs
Sont plus crus mille fois que les bons serviteurs.

ISABELLE.
Ouy dame Beatris, vous estes innocente,
Il n'est point dans Madrid de meilleure servante:
295   Vous n'avez point ouvert mon Balcon cette nuit?
Vous n'alliez point nus pieds pour faire moins de bruit?

BEATRIS.
Helas! je m'en souviens, c'estoit vostre dentelle
Que j'avois mis seicher dessus une ficelle,
Et j'eus peur que la nuit on la prit en ce lieu.

ISABELLE.
300   Vous ne parlastes point?

(Le théâtre représente un salon de la maison de Dom Juan)
Var: 289   malheur G,H.

BEATRIS.
C'est que je priois Dieu.

ISABELLE.
Quoy, si haut...

BEATRIS.
Je le fais, affin que Dieu m'entende,
Et la devotion en est beaucoup plus grande.

ISABELLE.
Et l'homme qui sauta de mon Balcon en bas,
Estoit-ce ma dentelle?

BEATRIS.
Ah! ne le croyez pas.

ISABELLE.
305 Je l'ay veu, Beatris.

BEATRIS.
Ha ma bonne maistresse,
Il est vray, Dom Louis...

ISABELLE.
Ah Dieu! ce nom me blesse.
Quoy ce fut Dom Louis?

BEATRIS.
Ouy vostre beau cousin.

ISABELLE.
Mon beau cousin, meschante, et pour quel beau dessein
L'aviez vous introduit infame, abominable?

BEATRIS.
310 Si c'est un grand peché que d'estre charitable,
Vous avez grand sujet de me crier bien fort,
Mais si vous m'escoutiez, je n'aurois pas grand tort.

ISABELLE.
Vous parlerez long temps avant que je vous croye.

BEATRIS.
Ne puissiez vous jamais souffrir que je vous voye,
315 Si je ne vous di vray. Ce fut donc hier au soir
Que le bon Dom Louis vint icy pour vous voir,
A cause qu'il pleuvoit je le mis dans la salle,
Ce fut bien malgré moy, car je crains le scandale,
Mais le drosle qu'il est entra bon gré mal gré.
320 Tost apres j'entendis cracher sur le degré
Vostre pere Fernand, vous sçavez bien qu'il crache

```
              Plus fort qu'aucun qui soit dans Madrid que je sçache.
              Au bruit de ce crachat, Dom Louis se sauva
              Dedans vostre Balcon qu'entr'ouvert il trouva,
     325      Je l'enfermois encor lors que vous arrivastes,
              Avecque le vieillard tres-long-temps vous causastes,
              Cependant Dom Louis le Balcon habitoit,
              Où de vos longs discours peu content il estoit:
              Enfin quand je vous vis dans le lit assoupie,
     330      Moy qui suis de tout temps encline à l'oeuvre pie
              Je l'allay delivrer tres-charitablement,
              Il me dit qu'il vouloit vous parler un moment.
              Je dis NESCIO VOS, et luy chantay goguette,
              Disant, allez chercher vostre Dariolette,
     335      Un autre l'eust servy, car il parloit des mieux,
              Et je voyois tomber les larmes de ses yeux:
              Mais lors qu'en me coulant en main quelques pistolles,
              Et qu'en me conjurant de ses belles parolles,
              En m'appellant mon coeur, ma chere Beatris,
     340      Il m'eut mis dans le doigt une bague de prix,
              Je veux bien l'avoüer, j'eus une telle rage
              Que je pensay deux fois luy sauter au visage.
              Non que tous ses regrets ne me fissent pitié,
              Et vrayment je le tiens de fort bonne amitié:
     345      Mais dans vos interests je ne connois personne,
              Brebis par tout ailleurs, j'y suis une Lionne,
              Et luy si tost qu'il vit que ce n'estoit plus jeu,
              Que de fine fureur j'avois la face en feu,
              Du Balcon sans tarder il sauta dans la ruë
     350      Où j'entendis crier tost apres tuë, tuë.
              Voila ce grand sujet de mon exclusion,
              Et le juste loyer de mon affection,
              Il faut bien que je sois fille peu fortunée,
              Je fondois mon bon heur dessus vostre hymenée,
     355      Et si de Dom Juan qu'on dit estre venu
              Mon zelle à vous servir pouvoit estre conneu?
              Je n'esperois pas moins.

                          ISABELLE.
                          Quoy, Dom Juan encore?
              Un homme que je crains, un homme que j'abhorre,
              Aprés un Dom Louis m'est par vous allegué,
     360      Pretendez vous par là me rendre l'esprit gay?
              Adieu fille de bien, que plus je ne vous voye.

                          BEATRIS.
              Au diable Dom Louis, c'est là que je t'envoye,
              Maudit soit le badaut,et l'amoureux transi,
              Le malheureux qu'il est me cause tout cecy,
     365      Est il dedans Madrid fille plus malheureuse?
```

Var: 326   trop longtemps   H.
    (361 Isabelle sort; Beatris seule)

SCENE II

DOM FERNAND, BEATRIS, ISABELLE.

DOM FERNAND.
Qu'avez-vous Beatris? vous faittes la pleureuse.

BEATRIS.
Votre fille me chasse, et si je n'ay rien fait
Que luy representer qu'elle doit en effet
Agreer Dom Juan, par ce qu'il le merite,
370 Et que vous le voulez.

DOM FERNAND.
                La cause est bien petite
Pour vous mettre dehors, et ma fille a grand tort,
Mais pour vous rajuster je feray mon effort,
Faittes la moy venir. Souvent mon Isabelle
Et cette Beatris ont ensemble querelle,
375 Tantost c'est pour un mot de travers respondu,
Pour un miroir cassé, pour du blanc respandu,
Souvent aussi ce n'est que pour une vetille,
C'est à dire pour rien, mais j'apperçoy ma fille.
Ce n'est pas la saison de chasser des vallets
380 Quand il ne faut penser qu'à dances et balets:
Pour moy tout le premier je veux faire gambade,
Car j'espere aujourd'huy Dom Juan d'Alvarade.

ISABELLE.
Esperez, esperez, cét agreable Espoux,
Moy j'espere la mort moins cruelle que vous.

DOM FERNAND.
385 Je suis donc bien cruel, puis qu'elle est moins cruelle,
Vrayment nostre Isabeau, vous nous la baillez-belle.
Ah! que si je croyois mon esprit irrité,
Vostre jeune museau se verroit souffletté,
Et si je faisois bien, qu'avec ces deux mains closes,
390 Je ternirois de lis, et fanerois de roses:
Vous voulez volontiers quelque godelureau
Qui methodiquement vous lesche le morveau
Un faiseur de recueils, un debiteur de rimes,
Un de ces libertins qui causent aux Minimes,
395 Un plisseur de canons, un de ces faineans,
Qui passent tout un jour à noüer des galans,
Ou se faire trainer couchez dans un carosse.
Si je luy faisois playe, ou du moins une bosse,
Ne ferois-je pas bien? qu'en dis-tu ma raison?

(373 Beatris sort; Dom Fernand seul)
(379 Isabelle entre avec Beatris)

400 Puis-je oublier sa faute à moins que d'estre Oyson?
    La Coquine s'en rit, et je veux qu'elle en pleure,
    Et moy j'en ris aussi, peu s'en faut ou je meure,
    Quand quelqu'un pleure ou rit, j'en use tout ainsi,
    Et parce qu'elle rit, je m'en vay rire aussi.
405 Peste, que je suis sot!

                  ISABELLE.
            Je confesse, mon pere,
Que vous avez raison de vous mettre en colere:
Mais confessez aussi regardant ce tableau,
Affreux au dernier point, bien loin de sembler beau,
Que ma douleur est juste alors qu'elle est extréme,
410 Et qu'il faut bien qu'il soit la brutalité mesme,
    Le brutal sur lequel ce marmouset est fait.

                DOM FERNAND.
Vous jugez donc d'un homme en voyant son Portrait,
Souvent un vilain corps loge un noble courage,
Et c'est un grand menteur souvent que le visage.
415 Il est vray, celuy cy doit se plaindre de l'art,
    Et tout y represente un indigne pendart,
    Où diable ay-je pesché ce detestable gendre?
    Et comment Dom Fernand a-t'il peu se mesprendre?
    Je pensois bien avoir trouvé la pie au nid,
420 Mais pourtant, mais pourtant beaucoup de gens m'ont dit
    Qu'on estime à la Cour ce Juan d'Alvarade.
    Or bien promettez moy sans faire de boutade,
    Que vous le traitterez pour tout civilement,
    Et moy je vous promets foy d'homme qui ne ment,
425 S'il se trouve aussi sot que sa peinture est laide,
    A tous ces embaras de donner bon remede:
    Mais une Dame vient qui ne se veut monstrer,
    Je voudrois bien sçavoir qui l'aura fait entrer,
    Sans venir demander si nous sommes visibles:
430 Les bourreaux de valets sont tous incorrigibles.
    Madame sans vous voir, et sans vous demander
    Le nom que vous avez, vous pouvez commander

                SCENE III.

           LUCRESSE, DOM FERNAND.

                LUCRESSE.
Je n'attendois pas moins d'une ame si civile,

Var: 400 à moins d'estre un Oyson   G,H.   (Isabelle rit)
Var: 405 il rit, voyant rire sa fille.   G,H.
    (407 lui montrant un portrait)
    (412 prenant le portrait)
Var: 416 insigne pendant B,D,G,H.   (422 lui rendant le portrait)
    (427 Lucresse voilée)   (431 à Lucresse)

        Je viens, ô Dom Fernand, chez vous chercher azile,
435 Mais puis-je sans tesmoins vous conter mon malheur?

                DOM FERNAND.
        Ouy da, retirez-vous.

                LUCRESSE.
              Fay si bien ma douleur,
        Que l'on puisse trouver quelque excuse à mes fautes.
        Non je ne me plains point du repos que tu m'ostes,
        Si je puis faire voir, par mes pleurs infinis,
440 Que mes yeux ont esté de mon crime punis.
        Mes yeux, mes traistres yeux qui recouvrent la flame
        Qui noircit mon honneur, et me couvre de blâme,
        Mes traistres yeux de qui les criminels plaisirs
        Me feront à la fin exaler en soupirs:
445 Pleurez donc, ô mes yeux, soupirez ma poitrine.

                DOM FERNAND.
        Parbleu, cette estrangere est de fort bonne mine.

                LUCRESSE.
        Et vous mes foibles bras embrassez ces genoux,
        Vous ne me verrez point lever de devant vous,
        Que je n'aye obtenu le secours que j'espere.

                DOM FERNAND.
450 Vous lisez les Romans, et je vous en revere,
        Ma sotte d'Isabeau n'a jamais leu Romant,
        Quant est de moy j'estime Amadis grandement:
        Vous n'estes pas personne à qui rien on refuse,
        De refuser aussi personne ne m'accuse:
455 Croyez donc aysement, tout cela supposé,
        Qu'il ne vous sera rien de ma part refusé.

                LUCRESSE.
        Il faut donc, ô Fernand, que je vous importune
        Du recit de ma race et de mon infortune,
        Pour ma race bien tost vous en serez sçavant,
460 Car mon pere deffunt m'a dit assez souvent
        Qu'il avoit avec vous fait amitié dans Rome,
        Et qu'il vous connoissoit pour brave Gentilhomme.

                DOM FERNAND.
        Ces Vers sont de Mairet, je les sçay bien par coeur,
        Ils sont tres à propos, et d'un tres bon autheur,

     (436 à Lucresse et à Isabelle qui sort. Ensuite, Lucresse à part)
Var: 441 qui receuvrent la flame G.   qui receurent la flame H.
     (446 à part)   (447 à Dom Fernand, se jetant à genoux)
Var: 450 Ce stile est de Romant G,H.
     (451 Il la fait relever)   (454 Lucresse lève son voile)

465 Tousjours d'un bon autheur la lecture profite,
　　 Et sçavoir bien des vers est chose de merite.
　　　　　　　　　LUCRESSE.
　　 Burgos est donc la Ville où je receus le jour,
　　 Mais cette ville aussi vit naistre mon amour,
　　 Et je dois l'abhorrer, et pour l'un et pour l'autre.
470 Helas! fut il jamais Destin pareil au nostre!
　　 Car ma mere en travail quand je nasquis mourut,
　　 Mon pere de regret quand mon amour parut,
　　 Cruel ressouvenir de ma faute passée,
　　 Quand donnerez vous treve à ma triste pensée?
475 Diego d'Alvarade est le nom qu'il avoit
　　 Avec beaucoup de soin sa bonté m'eslevoit,
　　 Je luy fis esperer beaucoup de mon enfance:
　　 Mais helas! ce fut bien une fausse esperance.
　　 Mes deux freres n'estoient pas moins de luy cheris,
480 Car le Ciel les avoit traittez en favoris.
　　 Je vivois avec eux contente et fortunée,
　　 Mais que l'amour bien tost changea ma destinée!
　　 Un estranger qui vint aux festes de Burgos
　　 Fit voir en nos tournois qu'il avoit peu d'esgaux,
485 Nous nous vismes le soir dedans une assemblée,
　　 Je souffris son abord, et j'en fus cajollée,
　　 Ou plustost mon esprit fut par le sien charmé,
　　 Il feignit de m'aimer, tout de bon je l'aymé:
　　 Mais souffrez que mes pleurs vous apprennent le reste,
490 Car tout en est honteux, car tout en est funeste,
　　 Puis que mon crime, helas! un frere me ravit,
　　 Et que d'affliction mon pere le suivit.
　　 Moy sans pleurer leur mort, sans rougir de ma flâme,
　　 L'amour avoit banni la raison de mon ame,
495 J'adorois en esprit mon infidelle Amant
　　 Que j'attendy deux ans à Burgos vainement.
　　 A la fin je voy bien que je suis delaissée;
　　 Je quitte mes parents, et comme une insensée
　　 Maudissant mon amour, souhaittant le trespas,
500 Pour trouver ce meschant j'adresse icy mes pas.
　　 Helas! il m'avoit dit qu'il me seroit fidelle,
　　 Mais qu'on croit aysement alors qu'on se croit belle,
　　 Et que pour s'asseurer d'un coeur comme le sien
　　 La beauté bien souvent est un foible lien!
505 J'en suis, ô Dom Fernand, un exemple effroyable,
　　 Car pour avoir crû trop un tigre impitoyable,
　　 Qui me prit par les yeux et triompha de moy,
　　 Se deguisant d'un nom aussi faux que sa foy,
　　 Je me voy devant vous comme une forcenée,
510 Maudissant mille fois le jour sa destinée.
　　 Helas! que contre moy le Ciel est irritée,

LR: 496　Que j'attenday deux ans　A,E,F.
LR: 498　Je quittay mes parents　A,B,C,D,E,F.

Puis que tout mon espoir n'est qu'un nom aposté
Et qu'avec cet espoir justement je m'estonne,
Quand je voy que ce nom n'est conneu de personne,
515 Cependant il est vray qu'il habite ces lieux,
L'ingrat, car l'autre jour il parut à mes yeux:
Mais je ne le peu joindre, et je n'ay peu connoistre
Par un nom qu'il n'a pas la demeure d'un traistre,
Que le Ciel à mes yeux ne devroit plus cacher,
520 Si les pleurs avoient pû jusqu'icy le toucher:
Mais je m'adresse à vous comme au dernier remede,
Pour trouver cet ingrat je demande vostre aide,
Je sçay bien,veu le rang qu'en ces lieux vous tenez,
Qu'il me fera raison si vous l'entreprenez:
525 Je n'allegueray point mon pere et sa memoire,
Je veux vous conjurer par vostre seule gloire,
Et sans vous obliger d'un langage flateur.

DOM FERNAND.

Pour faire court je suis vostre humble serviteur,
Et l'ay tousjours esté de monsieur vostre pere,
530 Il me faisoit l'honneur de m'appeller son frere,
Quant à vous, disposez de tout ce que je puis,
Ma fille taschera d'adoucir vos ennuis.

SCENE IV.

BEATRIS, DOM FERNAND.

BEATRIS.

Monsieur, vostre neveu demande avec instance
De vous entretenir pour chose d'importance.

DOM FERNAND.

535 Madame, je reviens à vous dans un moment,
Beatris, menez la dans mon appartement,
Et qu'on fasse venir mon neveu tout à l'heure.
Cette Dame est la soeur de mon gendre, ou je meure,
Il me faut pressentir s'il voudra bien la voir,
540 Nous ne laisserons pas de tout nostre pouvoir
De chercher son Amant et la tirer de peine.
Et bien, cher Dom Louis, quel affaire vous meine,
En quoy puis je servir un si brave neveu?

SCENE V.

DOM LOUIS, DOM FERNAND.

DOM LOUIS.

Monsieur, un mien amy m'a mandé depuis peu

(535 à Lucresse)   (537 Lucresse et Beatris sortent)   (538 seul)
Var: 542 quelle affaire G,H.   LR: Il me faut presenter A,C,E,F.

545 Que j'avois sur les bras une grande querelle,
　　 Je sçay bien pour chercher un conseiller fidelle,
　　 Puis qu'il est question d'honneur et de combats,
　　 Que m'adressant à vous je ne me trompe pas.

　　　　　　　　DOM FERNAND.
　　 Au moins ne pouvez vous en employer un autre
550 Qui vous cherisse plus, et qui soit autant vostre,
　　 Jusques au desgainer, je vous le monstreray.
　　 Est-ce par ce billet?

　　　　　　　　　　DOM LOUIS.
　　　　　　　　Ouy, je vous le liray.

　　　　　　　　　DOM FERNAND.
　　 Lisez donc, aussi bien j'ay perdu mes lunettes,
　　 Et n'est pas trop aysé d'en recouvrer de nettes.

　　　　　　　　　　DOM LOUIS.
　　　　　　　　　　LETTRE.
555　　　　　　Le jeune frere de celuy
　　　　　　Que vous avez tué pour quelques amourettes
　　　　　　Part de ce pays aujourd'huy
　　　　　　Pour aller en Cour où vous estes:
　　　　　　Je ne sçay pas pour quel sujet,
560　　　　　Mais je sçay bien que vous l'escrire
　　　　　　Pour eviter pareil accident ou bien pire
　　　　　　Est à moy fort bien fait.
　　　　　　　　　Dom Pedro Osorio.

　　　　　　　　　DOM FERNAND.
　　 Où fut ce?

　　　　　　　　　　DOM LOUIS.
　　　　　　　　Dans Burgos.

　　　　　　　　　DOM FERNAND.
　　　　　　　　Estoit-ce un cavalier?

　　　　　　　　　　DOM LOUIS.
　　 Ouy de mes grands amis.

　　　　　　　　　DOM FERNAND.
　　　　　　　　En combat singulier?

　　　　　　　　　　DOM LOUIS.
565 Non ce fut par mesgarde, et durant la nuit noire.

　　　(544-5 tenant un billet)　　　(555 il lit le billet)
Var:　561　　ou pire　C.

DOM FERNAND.
Contez moy le destail de toute cette histoire.

DOM LOUIS.
Vous allez tout sçavoir.

DOM FERNAND.
S'entend en peu de mots.

DOM LOUIS.
Vous vous souvenez bien des Festes de Burgos,
Pour le premier enfant qu'eut la grande Isabelle,
570 Des Royales vertus le plus parfait modelle.
Un amy qui faisoit trop d'estime de moy
M'invita de venir à ce fameux Tournoy,
Pour monstrer avec luy nostre valeur commune.
Là contre six Taureaux j'eus assez de fortune,
575 Dans les autres combats j'eus un bon-heur esgal.
Le soir il me mena voir les dames au bal,
Une beauté m'y prit, et je la pris de mesme,
Dans ce commencement, j'eus un bon-heur extréme:
Mais tout ce grand bon heur à la fin se trouva
580 Un des plus grands mal-heurs qui jamais m'arriva.
Le lendemain j'obtins de l'aller voir chez elle,
Mais si je luy plaisois, je la trouvois fort belle,
Et certes je l'aymois aussi sincerement
Que peut jamais aymer un veritable Amant.
585 Pour faire court, un soir que nous estions ensemble,
J'enten rompre la porte, et je la voy qui tremble,
Je me leve, et je mets mon espée à la main,
Elle prend la chandelle, et la souffle soudain,
La porte s'ouvre, on entre, on m'attaque, on me blesse,
590 Sans voir je pousse, pare, et plus d'heur que d'adresse,
J'en fais d'abord choir un blessé mortellement,
Puis dans l'obscurité je m'eschappe aysement.
Helas! le jour d'aprés quelle fut ma tristesse,
Quand le mort se trouva frere de ma maistresse,
595 Et de plus, ô malheur, dur à mon souvenir,
Ce mesme intime amy qui m'avoit fait venir.
Comment ne sceu-je point que cette pauvre Amante
Depuis deux ou trois mois logeoit chez une Tante?
Comment ne sçeumes nous devant ce triste jour,
600 Moy qu'il eut une soeur, ou luy moy de l'amour?
Mais c'est vous ennuyer d'une plainte inutile.
Ayant tousjours celé mon nom en cette ville,
J'en sortis aisement sans estre soupçonné.
C'est à vous qui voyez l'avis qu'on m'a donné,
605 Et qu'en cét embaras quasi tout m'est contraire,
De me dire en amy tout ce que j'y dois faire,

Var: 579 Helas! ce grand bonheur G,H.
Var: 582 Si je luy plaisois fort G,H.

```
            Je sçay bien si je veux des conseils sur ce point,
            Qu'aucun ne peut donner ce que vous n'avez point,
            Que mon homme est icy, je n'en fay point de doute,
    610     Qu'il tasche à me trouver, l'apparence y est toute,
            Je ne puis le fuir sans grande lascheté,
            Je ne puis le tuër aussi sans cruauté,
            Je ne puis l'inviter à se battre sans crime,
            Et tout menace icy ma vie ou mon estime,
    615     Mais on frappe à la porte.
```

                  DOM FERNAND.
                        Et mesme rudement,
Et qui diable ose ainsi heurter insolemment?

                  SCENE VI.

     BEATRIS, DOM FERNAND, DOM LOUIS, ISABELLE.

                    BEATRIS.
```
            Mon Maistre, cent escus pour une si bonne nouvelle,
            Et qu'on fasse venir ma maistresse Isabelle,
            Vostre gendre est là bas, beau poly, frais tondu,
    620     Poudré, frisé, paré, riant comme un perdu,
            Et couvert de bijoux comme un Roy de la Chine.
```

                    DOM LOUIS.
Vous avez donc ainsi marié ma cousine
Sans qu'on en ait rien sçeu? Vous estiez bien pressé.

                  DOM FERNAND.
Ouy.

                  DOM LOUIS.
    Helas! que ce mot m'a rudement blessé.

                  DOM FERNAND.
```
    625     Beatris vistement que ma fille s'ajuste:
            Va donc viste.
```

                  BEATRIS.
        J'y cours.

                  DOM LOUIS.
        Que le Ciel est injuste!

                  DOM FERNAND.
Ha vrayment mon esprit n'est pas mal partagé,

    (617 à Dom Fernand)   (622 à Dom Fernand)
    (624 à Dom Louis qui parle ensuite à part)
    (626 Beatris sort, Dom Louis à part)
    (627 à part)

Mon neveu l'agresseur, mon gendre l'outragé:
Comment donc garantir ma maison de carnage?
630 Ha ma fille approchez.

     DOM LOUIS.
      Que de bon coeur j'enrage.

     DOM FERNAND.
Allons le recevoir.

     ISABELLE.
      Ou plustost à la mort.

   SCENE VII.

JODELET, DOM JUAN, ISABELLE, DOM FERNAND, DOM LOUIS.

     JODELET, **suivi de Dom Juan.**
Cette chambre est fort belle, et je m'y plairay fort.

     ISABELLE.
O qu'il estoit bien peint!

     DOM JUAN.
      O qu'elle estoit bien peinte!

     JODELET **s'entre-taillant.**
Ce maudit esperon m'a blessé d'une atteinte.

     DOM FERNAND.
635 Soyez le bien venu, Monseigneur Dom Juan.

     DOM JUAN.
Respon...

     JODELET.
  Le beau pere a de l'air d'un Chat-huan.
Et vous le bien trouvé.   **(Haussant la voix)**

     ISABELLE.
    L'agreable figure!

     JODELET.
Quoy tousjours ce vieillard, ô le mauvais augure!

(630 Isabelle et Beatris entrent) (630 à part) (631 à part)
(II,7:Dom Juan est habillé en valet, et Jodelet en maître)
(633 Isabelle, Dom Juan à part)
(634 Jodelet s'entretaillant avec un des éperons)
(635 à Jodelet)
(636 échange à voix basse, puis Jodelet répond à Dom Fernand)
(637 à part)   (638 à Dom Juan)

Je m'en veux delivrer, il me tient trop long temps.

DOM FERNAND.
640 Mon gendre n'est pas sage,il parle entre ses dents.

JODELET.
Vous servez donc tousjours d'Escran à vostre fille?

DOM JUAN.
Que dis-tu malheureux?

DOM LOUIS.
La demande civille.

JODELET.
Maudy soit le fascheux.

ISABELLE.
De qui donc parle t'il?

JODELET.
Ne puis-je point de face ou du moins de porfil,
645 Vous guigner un moment, ô charmante Isabelle?
De grace Dom Fernand que l'on m'approche d'elle,
Ou du moins qu'on m'en monstre ou jambe, ou bras, ou main.

DOM FERNAND.
Ma fille avoit raison, mon gendre est un vilain.

JODELET.
O Dieu! qu'en ce pays on est chiche d'espouze,
650 Ailleurs j'aurois desja des baisers plus de douze:
Parbleu je la verray deussay-je estre indiscret.

DOM FERNAND.
O Dieu! qu'il m'a fait mal!

JODELET.
Je vous pousse à regret:
Mais je suis amoureux, equitable beau-pere.
Je vous voy donc enfin, ô beauté que j'espere,
655 Vous me voyez aussi, mais pourray-je sçavoir
Si vous prenez grand goust en l'honneur de me voir?

DOM LOUIS.
C'est fort bien debuter.

(640 à part)   (641 à Dom Fernand)   (642 bas à Jodelet)
(642 à part)   (643 Jodelet, Isabelle à part)
(648 à part)   (649 à part)
(652 Il tire rudement par le bras Dom Fernand et se met entre lui
     et Isabelle)   (654 à Isabelle)   (657 à part)

DOM FERNAND.
O l'impertinent gendre!

JODELET.
Ils rient tous ma foy, rient-ils de m'entendre?
Est-ce que j'ay tenu quelque propos de fat?
660 Jodelet, on n'est pas chez nous si delicat:
Si je ne suis assis, j'en lascheray bien d'autres.
Là! Seigneur Dom Fernand, faittes venir des vostres,
Vous estes mal servy, mais j'y mettray la main.

DOM FERNAND.
Mon gendre encor un coup n'est ma foy qu'un vilain.
665 Beatris, vistement que l'on apporte un siege.

JODELET.
Dittes moy, ma maistresse, avez vous bien du liege?
Si vous n'en avez point, vous estes sur ma foy
D'une fort belle taille, et digne d'estre à moy.

DOM LOUIS.
Le joly compliment!

JODELET.
Ce jouvenceau qui cause
670 Dittes moy, mon Soleil, vous est-il quelque chose?
Ou si c'est un plaisant.

ISABELLE.
C'est mon Cousin germain.

DOM FERNAND.
Pour la troisiesme fois mon gendre est un vilain.

DOM JUAN.
Ce beau Cousin germain tous mes soupçons reveille.

JODELET.
N'avez vous point sur vous quelque bon cure-oreille?
675 Je ne puis dire quoy me chatouille dedans,
Hier je rompi le mien en m'ecurant les dents...
Quoy, vous riez encore?

(657 à part)   (658 à part)
(660 à Dom Juan)   (664 à part)
(665 haut. Dom Fernand, Jodelet et Isabelle s'asseyent. On présente
      un siège à Dom Louis qui ne s'assied pas.)
Var: 666 Avez bien du vous liege
(666 à Isabelle)   (669 à part)
(672 à part)   (673 à part)

DOM LOUIS.
A propos ma Cousine,
Vous ne contentez point Monsieur touchant sa mine,
Il vous a dit tantost qu'il desiroit sçavoir
680 Si vous preniez grand goust en l'honneur de le voir.

ISABELLE.
Je n'ay jamais rien veu qui luy soit comparable,
Et je ne pense pas qu'il trouve son semblable
Et de corps et d'esprit.

JODELET.
Chacun en dit autant,
Mais les vingt mil escus est-ce en argent comptant?
685 Esclaircissez nous-en, et vuidons cette affaire.

DOM LOUIS.
Quoy, Seigneur Dom Juan, vous estes mercenaire?

JODELET.
Tous ceux qui le croiront seront de vrais badaus,
Et l'on n'en vit jamais dans les Alvarados.

DOM LOUIS.
Dans les Alvarados? n'aviez vous pas un frere?

JODELET.
690 Ouy, qu'un lasche assassin occit, mais par derriere.

DOM JUAN.
Si Dom Juan sçavoit quel est cét assassain,
Il iroit luy manger le coeur dedans le sein,
S'il faut qu'entre mes mains ce detestable tombe,
Le moindre de ses maux est celuy de la tombe:
695 Je le deschirerois, le traistre, à belles dents,
Je l'irois affronter entre cent feux ardens,
Mais il tuë en voleur, et se cache de mesme.

DOM LOUIS.
Vrayment de ce valet l'impudence est extreme!
Quelqu'un m'a dit pourtant...

DOM JUAN.
Et que vous a t'on dit?

DOM LOUIS.
700 Que ce fut par malheur.

(677 à Isabelle)   (681 Dom Louis)
(691 à Dom Louis)   (698 à part)
(699 à Dom Juan)

DOM JUAN.
Ce quelqu'un là mentit.
Ce fut en trahison.

DOM LOUIS.
Vous voyez son audace?

ISABELLE.
Qu'avecque sa fureur il conserve de grace.

DOM LOUIS.
Vous vous emancipez.

JODELET.
Il n'a pas le coeur bas.

DOM LOUIS.
Je vous trouveray bien.

DOM JUAN.
Je ne vous fuiray pas.

DOM LOUIS.
705 Si ce n'estoit le lieu, je vous ferois bien taire.

JODELET.
Mon valet est vaillant, et quasi temeraire.

DOM LOUIS.
Quoy, mon oncle un valet?

DOM FERNAND.
Hé! mon Dieu, qu'est cecy?
Le beau commencement de nopces.

JODELET.
Mon soucy,
Laissons les quereller, et disons des sornettes,
710 Ou bien si vous vouliez prendre vos Castagnettes,
Le plaisir seroit grand.

DOM FERNAND.
Ouy c'en est la saison,
Vous n'avez point encor visité la maison,
Prenez, Monsieur, ma fille, ouvrez la galerie
Vistement Beatris, mon neveu je vous prie,
715 Allons mes chers amis, allons, qu'attendons nous?

    (701 à Dom Fernand) (702 à part)
    (703 à Dom Juan. Jodelet lui répond) (708 à Isabelle)
LR: 711 Ouy s'en est la saison A,B,C,D,E,F.
Var: 712 Vous n'avez pas encor C,G,H.

JODELET.
Je suis sans compliment.

DOM FERNAND.
C'est fort bien fait à vous.

SCENE VIII.

DOM JUAN seul.
Enfin dans mes soupçons je voy quelque lumiere,
Je n'ay plus qu'à trouver l'assassin de mon frere,
Je n'ay plus qu'à trouver mon imprudente soeur,
720 Je n'ay plus qu'à trouver son lasche ravisseur.
Avec ce beau cousin je n'ay plus qu'à me prendre,
C'est l'homme du Balcon, l'on vient de me l'apprendre,
J'ay sceu de son valet tirer les vers du nez,
Je sçauray bien encor, Amans bien fortunez,
725 Si vous faites de moy les moindres railleries
Tandis que mon esprit s'abandonne aux furies,
Mesler dans vos plaisirs quelque chose d'amer,
Et mesme vous hair au lieu de vous aymer,
Si je puis descouvrir, trop aimable Isabelle,
730 Que vous ne soyez pas aussi sage que belle.

Fin du deuxiéme Acte.

(716 donnant la main à Isabelle)
Var: Fin du second Acte   H.

ACTE III

SCENE PREMIERE

DOM LOUIS, ESTIENNE.

DOM LOUIS.
Ne m'importune plus, le sort en est jetté.

ESTIENNE.
Vrayment ce Dom Juan est par vous bien traitté,
Vous avez abusé sa soeur, tué son frere,
Vous pretendez encore en sa femme?

DOM LOUIS.
J'espere
735   En ma perseverance, en Beatris, en toy,
En mon oncle Fernand, en Isabelle, en moy,
J'espere en Dom Juan, en sa mine importune,
Et plus que tout cela j'espere en la fortune.
Bon, voicy Beatris.

SCENE II

BEATRIS, ESTIENNE, DOM LOUIS.

BEATRIS.
Ha Monsieur est-ce vous?

ESTIENNE.
740   Non, c'est le grand Mogor.

BEATRIS.
Tout beau Roy des filous,
Je parle à vostre maistre.

DOM LOUIS.
Et bien que fait le gendre?

BEATRIS.
Vous parlez d'un sujet où l'on peut bien s'estendre.
Ce beau jeune Seigneur, tantost qu'on a disné,
A mangé comme un diable, et s'est desboutonné,
745   Puis dans un cabinet qui joint la vielle sale,
S'est couché de son long sur une natte sale,
Un peu de temps apres il s'est mis à ronfler,
Je n'ay jamais ouy Cheval mieux renifler:
Toute la vitre en tremble, et les verres s'en cassent,
750   Mais si je vous disois les choses qui se passent...

LR: 741   que fais le gendre   A,C,E,F.
LR: 749   Toute les vitre   A,C,E,F.

DOM LOUIS.
Ma pauvre Beatris.

BEATRIS.
Mon pauvre Dom Louis.

DOM LOUIS.
Ouy de toy je tien tout le bien dont je jouis.

BEATRIS.
J'en dis autant de vous, mais ce n'est qu'en promesse,
N'importe, ce n'est pas le gain qui m'interesse.

DOM LOUIS.
755 Ha! non je veux mourir, demande à ce valet
Si je n'ay pas laissé mon or sous mon chevet:
Mais je reçoy demain quatre ou cinq cens pistolles.

BEATRIS.
Bien, bien, escoutez donc la chose en trois paroles.
J'ay haste: Dom Fernand vostre oncle est enragé,
760 Et voudroit de bon coeur se voir bien desgagé,
Vostre chere Isabelle esgalement enrage,
Jusques là qu'elle en a souffletté son visage.
Le temps est, ou jamais, de jouër vostre jeu,
Il faut battre le fer tandis qu'il est au feu,
765 Et si vous ne sçavez pas bien pescher en eau trouble,
Je ne donnerois pas de vostre affaire un double:
Taschez donc de la voir, et de l'entretenir,
Promettez comme quand on ne veut pas tenir,
Employez hardiment vostre meilleure prose,
770 N'oubliez pas le lis, n'oubliez pas la rose,
Dittes-luy bien qu'elle est l'objet de tous vos voeux,
Pleurez, et soupirez, arrachez des cheveux,
Puis sur vos grands chevaux monté comme un S. George,
Dittes, que pour bien moins on se coupe la gorge,
775 Que Dom Juan n'a pas encore ce qu'il pretend,
Qu'en tout cas vous sçavez fort bien comme on se pend.
Si l'insolent vous nuit, reprenez le modeste,
Invoquez moy la mort, ou pour le moins la peste,
Ne vous estonnez point, elle fera beau bruit,
780 Mais vous sçavez qu'on pert le combat quand on fuit.
Or si vous en tirez la moindre lachrymule,
Je vous donne gagné, foy de Beatricule,
Vous riez Dom Louis de ce diminutif,
Dame nous en usons, et du superlatif.
785 Un certain jeune Autheur qui tasche de me plaire
Quand je vay visiter mon cousin le Libraire,
M'apprend tous ces grands mots, mais adieu je m'enfuis,

Var: 752   C'est de toy que je tien   G,H.
Var: 757   je reçoy de moy   C.

J'ay causé trop long temps, maudite que je suis,
Car voicy ma maistresse, et son pere avec elle,
790 Cachez vous en ce coin, et vous Jean de Nivelle
Sauvez vous vistement.

ESTIENNE.
Adieu donc faux teston.

BEATRIS.
Je te hasteray bien si je pren un baston.

SCENE III

DOM FERNAND, ISABELLE.

DOM FERNAND.
Plustost mourir cent fois que fausser ma parole.

ISABELLE.
Mais mon pere...

DOM FERNAND.
Mais quoy vous estes une folle,
795 Tout ce que vous pouvez seulement esperer,
Est que je pourray bien vos nopces differer:
Car a t'on veu jamais affaire plus meslée?
Ma foy, j'en ay quasi la cervelle fellée,
Mon gendre est offencé, je le dois estre aussi,
800 Si c'est par mon neveu, que dois-je faire icy?
Dois je abandonner l'un, pour me joindre avec l'autre?
Ventre de moy, par tout il y va bien du nostre,
L'un me tient par le sang, et l'autre par l'honneur,
Et j'ay besoin icy d'un extréme bon-heur.

ISABELLE.
805 Quoy, ce fut Dom Louis qui luy tua son frere?

DOM FERNAND.
Ouy ce fut Dom Louis, et ce qui desespere,
La soeur de Dom Juan m'implore contre luy,
Luy puis-je honnestement refuser mon apuy?
Aujourd'huy mon neveu m'est venu tout de mesme
810 Dire qu'il a besoin de ma prudence extréme
Contre un homme qu'il a doublement offencé,
Et cét homme est mon gendre, et moy pauvre insensé,
Tantost à mon neveu, tantost à ce beau gendre,

(790   Dom Louis se cache; Beatris à Etienne)
(792   le poussant par les épaules et sortant avec lui)
LR: 793   fausser sa parole A,B,C,E,F.
Var: 794   mais quoy estes-vous folle? C.
LR: 803   L'un me teint par le sang A,C,E.

Je ne sçay quel party je dois laisser ou prendre:
815 Ouy ma foy j'en suis fou, si jamais je le fus,
A Dieu, je vay taster mon gendre là dessus.

SCENE IV

ISABELLE seule.

Et moy je vay pleurer ma triste destinée,
O Ciel à quel Brutal m'avez-vous condamnée!
N'estoit-ce pas assez de cette aversion,
820 Sans me troubler encore d'une autre passion?
Ouy Ciel c'estoit assez pour estre malheureuse.
Mais vous voulez encor que je sois amoureuse.
Ha! c'est trop me haïr que de me faire aymer
Un que je n'oserois à moy mesme nommer.
825 Toy qui n'es pas pour moy, faut-il que je t'adore,
Et toy pour qui je suis, faut il que je t'abhorre,
Et qu'un troisiesme mal à ces deux maux soit joint,
Ce Dom Louis qui m'aime, et que je n'aime point?
Ouy bien loin de t'aymer, je te hay miserable,
830 Mais si ton mal est grand le mien est effroyable.
Laisse, laisse-moy donc importun Dom Louis,
Regarde au prix de moy de quel heur tu jouis,
Tu n'es que trop vengé de la pauvre Isabelle,
Toy qui peut sans rougir te dire amoureux d'elle,
835 Toy qui peut sans rougir luy descouvrir ton feu,
Et tu te plains encor comme si c'estoit peu,
Va, va, console toy, ma fortune est bien pire,
Car j'ayme malheureuse, et je n'ose le dire,
Et de plus je te hay, j'ay ce mal plus que toy,
840 Et de plus Dom Juan sera maistre de moy:
Ainsi je hay, je crain, et je suis amoureuse,
Avec ces passions puis-je estre bien heureuse?
Helas! de tous ces maux qui me delivrera?

SCENE V

DOM LOUIS, ISABELLE.

DOM LOUIS.

Moy charmante Isabelle, et quand il vous plaira,
845 Ouy de ce Dom Juan vous serez desgagée,
Puis qu'envers Dom Louis vostre humeur est changée,
Puis que de Dom Louis autrefois mesprisé,
Le violent amour se voit favorisé:
Commandez donc Madame, et bien tost cette espée
850 Dans le sang odieux de Dom Juan trempée
Vous fera confesser devant la fin du jour
Que rien n'estoit esgal à vous que mon amour.

LR: 834 Toy qui peut   A,C,E,F.
  (844 Dom Louis sortant de l'endroit où il était caché)

ISABELLE.
O Dieu, me proposer des crimes de la sorte!
Sors d'icy mal heureux, sors devant que je sorte
855 D'une indigne pitié que presque malgré moy
Mesme nom, mesme sang me font avoir pour toy;
Et comment m'aime tu si tu me croy capable
D'escouter seulement un dessein si coupable?
Ah! ne te flatte point dedans ta passion,
860 Tu ne seras jamais que mon aversion:
Va, va t'en à Burgos faire des perfidies,
Va, va t'en à Burgos jouer tes Tragedies;
Vas-y tromper la soeur, et tuer le germain,
Et me laisse en repos, execrable, inhumain,
865 Assez grand sont les maux de la pauvre Isabelle,
Sans tascher de la rendre encore criminelle.

DOM LOUIS.
Ha si jamais...

ISABELLE.
Tay toy, le plus noir des esprits,
Ou bien je rempliray la maison de mes cris.

SCENE VI

BEATRIS, DOM LOUIS, ISABELLE.

BEATRIS.
Ha mon Dieu! parlez bas, Dom Fernand et le gendre
870 Sont dessus l'Escalier, ils vous pourroient entendre,
Je ne voy pas comment avec facilité
Dom Louis sortira, car de l'autre costé
Son suffisant valet avec sa bonne mine
Dans la chambre prochaine a je croy pris racine.

ISABELLE.
875 Et que ferons nous donc?

DOM LOUIS.
Si j'osois...

ISABELLE.
Laisse moy.

DOM LOUIS.
Si ce valet fascheux...

ISABELLE.
Il l'est bien moins que toy.

Beatris.

BEATRIS.
Par ma foy je tremble à chaque membre,
Si vous vouliez pourtant le mettre en vostre chambre...

ISABELLE.
Où tu voudras, pourveu qu'il soit loin de mes yeux.

BEATRIS.
880 Mettez vous donc un peu dessus le serieux,
Et m'appelez bien haut effrontée, impudente.

ISABELLE.
J'enten bien, cet avis n'est pas d'une imprudente,
Car j'ay haussé la voix d'une estrange façon.
Vrayment vous me donnez une belle leçon,
885 Estes vous une folle, ou ne suis-je pas sage,
Que vous m'osez tenir un si hardy langage?
Dom Juan n'est pas beau, Dom Juan vous desplaist,
Laissez là Dom Juan, je l'aime comme il est.
Ha vrayment Beatris, la sotte si mon pere
890 Apprend ce bel avis...

SCENE VII

DOM FERNAND, JODELET, ISABELLE, DOM JUAN.

DOM FERNAND.
Vous estes en colere.

ISABELLE.
C'est pour certain Bijou, qu'on ma pris ou perdu.

JODELET.
Non, non à d'autres non, j'ay le tout entendu,
Vous ne m'aymez donc pas Madame la traistresse,
Et vous me desservez auprés de ma maistresse:
895 Ha, louve! ha, porque! ha, chienne! ha, braque! ha, loup garou!
Puisse tu te briser bras, main, pied, chef, cul, cou,
Que tousjours quelque chien contre ta jupe pisse,
Qu'avec ses trois gosiers, Cerberus t'engloutisse:
Le grand chien Cerberus, Cerberus le grand chien,
900 Plus beau que toy cent fois, et plus homme de bien.

DOM FERNAND.
Retirez vous d'icy sotte, mal avisée.

Var: 877 en chaque membre C,D,G,H.
    (880 Beatris fait entrer Dom Louis dans la chambre d'Isabelle)
    (882 bas à Beatris. Dom Fernand, Jodelet et Dom Juan dans le fond
        du théâtre)   (891 s'approchant, à Isabelle)
    (893 s'approchant, à Isabelle)   (894 à Beatris)
LR: 898 ces trois gosiers A,B,C,D,E,F. (901 à Beatris)

JODELET.
Ne vous en servez plus, ce n'est qu'une rusée,
Je la garanti telle.

DOM FERNAND.
O Dieu! je meurs de peur
Que ce maistre brutal n'aille trouver sa soeur:
905 Il faut le mettre aux mains avecque sa maistresse.
Je vous quitte un moment pour affaire qui presse,
Ma fille cependant demeure aupres de vous.

JODELET.
Bien, bien, allez vous-en. En despit du jaloux,
Ne pourray-je sçavoir, ô beauté succulente,
910 Que j'ayme autant qu'un oncle, et bien plus qu'une tante,
Comment dans vostre coeur Dom Juan est logé?
Je n'ay pû le sçavoir, et j'en suis enragé.

ISABELLE.
Pour vous dire la chose avec toute franchise,
Aujourd'huy seulement je suis d'amour eprise,
915 Je n'avois dans l'esprit devant qu'aversion,
Le desdain seulement estoit ma passion:
Mais helas! croyez-moy depuis vostre venuë,
La flâme de l'amour m'est seulement connuë,
Et bien que mon amour à nul autre second
920 Doive se resjouir quand le vostre y respond,
Au contraire je suis dans une peine extréme
De voir que vous m'aymez, et qu'il faille que j'ayme,
Car vostre amour du mien ne peut estre le prix,
Encore que par vous mon coeur se trouve pris,
925 Bien qu'à vous et chez vous est tout ce que j'adore,
Sçachez pourtant qu'en vous est tout ce que j'abhorre.

JODELET.
Ma foy j'enten bien peu ce discours rafiné,
Je connoy seulement qu'il est passionné,
Où Diable prenez-vous tant de Philosophie?

ISABELLE.
930 Il faut bien envers vous que je me justifie,
Vous doutez de ma flâme. Ouy, j'aime encor un coup,
Ce que j'ayme est à vous, et je l'aime beaucoup,
Alors que vous voyant, j'apperçoy tout ensemble
L'objet de mon amour, et je brusle, et je tremble,
935 Je brusle de desir, et je tremble de peur,

LR: 903   Je vous la garantis telle A,E,F.
   (903 à part)   (906 à Jodelet)   (908 Dom Fernand sort)
Var: 908 en despit des jalous B,D,G,H.
   (909 Dom Juan, Jodelet assis, Isabelle assise, Béatris)
Var: 915 que de l'aversion G,H.   Var: 923 vostre humeur G,H.

      Vous causez à la fois ma joie et ma douleur:
      Fut-il jamais un mal plus estrange et plus rare?
      Lors que je le dis moins, quasi je le declare,
      Et si je le disois au lieu de m'alleger,
940 Au lieu de me guerir, je serois en danger;
      Et quand sans descouvrir ou bien cacher ma flâme
      Je tasche à deguiser ce que je sens dans l'ame,
      En ce deguisement je trouve un sort esgal,
      C'est à dire par tout je n'ay rien que du mal.

                  JODELET.
945 J'enten encore moins ce discours cy que l'autre,
      Je connoy seulement que l'amour la rend nostre,
      Que la pauvrette brusle à nostre intention,
      Car elle me lorgnoit avec attention.
      Depuis que je vous vis bel Ange tutelaire...
950 Parbleu pour achever je ne sçay comment faire,
      Approchez mon valet, faites pour moy l'amour,
      Puis apres je viendray la reprendre à mon tour.

                  DOM JUAN.
      Mais, Monsieur...

                  JODELET.
             Mais faquin, vous voudriez peut-estre
      Me donner des conseils, suis-je pas vostre maistre?
955 Et qui sçait mieux que vous le bien que je luy veux,
      Et qui pourra donc mieux luy faire sçavoir, gueux?

                  DOM JUAN.
      Madame j'obey puis qu'on me le commande.

                  JODELET.
      Qu'il a peur de faillir avec sa houpelande.
      Ca, radoucissez vous sans faire le railleur,
960 Faites bien les doux yeux, et donnez du meilleur,
      Je m'en vay cependant faire aupres de la porte
      Quelques reflexions sur chose qui m'importe.

                  BEATRIS.
      Comment pourray-je donc tirer hors de son trou
      Ce maudit Dom Louis, male peste de fou?

                  JODELET.
965 Mais n'est-ce point aussi, Madame, son estoile
      Qui la pousse sur nous comme on dit à plain voile?

LR: 943 En se deguisement A,E,F.   (945 à part)
    (949 à Isabelle) (950 à part)   (951 à Dom Juan)
    (957 s'asseyant à côté d'Isabelle)
    (962 Dom Juan et Isabelle se parlent bas)
    (963 à part)   (965 à part)

```
             La fortune ma foy s'iroit rire de moy,
             Si m'offrant tel bon-heur, je ne vous l'empaumoy.
             Mon maistre, que sçait-on, peut en estre bien aise,
        970  Mais s'il arrive aussi que cela luy desplaise,
             Prenons l'occasion au peril d'un affront
             Par le fin beau toupet qu'elle a dessus le front,
             Par derriere elle est chauve, et ressemble une gogue,
             Mais qui l'eut jamais dit qu'un visage de dogue
        975  Peust donner de l'amour: il faut en profiter,
             Et quand nous serons seuls je pretens la tenter,
             Resvons un peu dessus cette presente affaire.
             Mon valet, vous a t'on mis là pour ne rien faire?
             Vous parlez à l'oreille, ha vrayment maistre sot,
        980  Ou vous parlerez haut, ou vous ne direz mot.

                               DOM JUAN.
             J'ay crû que parlant haut je pourrois vous distraire.

                               JODELET.
             Non non, parlez tout haut si vous voulez me plaire.

                               DOM JUAN.
             Je m'en vay donc vous dire icy ma passion,
             Mais tout ce que je fais n'est rien que fiction,
        985  Je ne suis pas icy ce que je devrois estre,
             Et ce n'est pas ainsi que je devrois parestre.
             Lors que je m'imagine, objet charmant et doux,
             Le bien qu'aura celuy qui sera vostre espoux,
             Mon ame je l'avoüe est de fureur saisie,
        990  En un mot je me sens epris de jalousie:
             C'est assez vous monstrer que j'ayme avec excez;
             Mais qui m'asseurera d'avoir un bon succez?

                               JODELET.
             Ostez vous vistement, je tiens une pensée
             Qui vaut son pesant d'or. Si mon ame insensée
        995  Tout ainsi que la mer a son flux et reflux,
             Pouvoit s'emanciper...ha! je ne la tien plus,
             Elle m'est eschapée adorable Isabelle,
             Le plaisir que je prens en vous voyant si belle
             M'a seiché la memoire, et troublé les espris,
       1000  Ou bien plustost c'est toy maudite Beatris,
             Qui me porte guignon, allons viste, qu'on gille;
             Vous aussi mon valet qui faittes tant l'habile,
             Qu'on me laisse icy seul.

                               ISABELLE.
                                      Quoy seul qu'en diroit on?
```

```
     (978  à Dom Juan)     (983  à Isabelle)
Var: 989   est la fureur saisie  G,H.        (993  à Dom Juan)
     (994  à Isabelle)     (1000  à Beatris)    (1002  à Dom Juan)
```

JODELET.
Et qui peut en parler si je le trouve bon?

ISABELLE.
1005 Au moins que Beatris...

JODELET.
Je n'en veux point desmordre.
Vous ne pouvez faillir puisque c'est par mon ordre,
Puis je n'ay point encor visité le Balcon,
Allons y prendre l'air, on dit qu'il y fait bon.

ISABELLE.
Ouy principalement lors que quelque vent souffle.

DOM JUAN.
1010 Quel diable de dessein peut avoir ce maroufle?
Je le veux observer.

JODELET.
Allons donc mon soucy.

ISABELLE.
Vous me dispenserez, je ne bouge d'icy.

JODELET.
Ouy vous ne bougerez? ah! c'est trop de mystere,
Sçavez vous que je suis un homme tres colere?
1015 Çà donc viste, qu'on vienne.

ISABELLE.
O Dieu quel insolent!
Quoy me tirer ainsi, d'un effort violent,
Et je puis vivre encor, ô fortune cruelle?
Faut-il que ce brutal trouve que je suis belle,
Et que pour eviter le peril que je cours
1020 Le trespas soit le seul qui m'offre son secours?

JODELET.
Ha! ma Reine de grace...

ISABELLE.
O le dernier des hommes,
Sçache si ce n'estoit les termes où nous sommes,
Que je t'arracherois et le coeur et les yeux,
Et qu'avec ces deux mains...

(1006 Il fait sortir Beatris. A Isabelle)
(1010 à part)   (1011 Il se retire et se cache)
(1015 Il veut la contraindre à le suivre)
LR: 1016 me tirer ainsi un effort violent A,B,D,E,F.

JODELET.
Mais plustost faittes mieux,
1025 Souffrez que je les baise.

ISABELLE.
Ha je suis enragée!
Quoy? je n'estois donc pas desja trop outragée?
Laissons là ce brutal.

DOM JUAN   **le surprend.**
Ha, ha! maistre vilain,
Vous vous ingerez donc de luy baiser la main?

JODELET.
Moy! c'est qu'elle a baisé la mienne.

DOM JUAN.
Ame de bouë
1030 Tu railles donc pendart et tu croy que je jouë,
Infame sac à vin, insolent effronté,
Tu te repentiras de ta temerité.

JODELET.
Ha mon Maistre!

DOM JUAN.
Ha coquin!

JODELET.
Ha la teste, ha l'espaule,
Ha de grace, Seigneur!

DOM JUAN.
Si j'avois une gaule,
1035 Je te ferois crier d'une estrange façon:
Mon Dieu! c'est elle mesme.

JODELET se jette sur son maistre.
Et comment beau garçon,
Oses-tu devant moy mesdire d'Isabelle?
Tu ne la trouve donc que passablement belle?
Maistre grimpe potence, et par haut et par bas,
1040 Et de pieds et de mains.

ISABELLE.
Hé ne le frappez pas.

(1027   Elle s'échappe de ses mains et se sauve)
(1032   Il lui donne des coups de pied et de poing)
(1036   Jodelet se jetant sur son maître et le battant à son tour)

DOM JUAN.
Ha bourreau!
JODELET.
Tu sçauras comment les bras se cassent.
ISABELLE.
Que vous a t'il donc fait?

JODELET.
Ce sont chaleurs qui passent.
Le voyez vous bien là, ce vray gripe-manteau?
Il ne merite pas qu'on luy donne de l'eau.
1045 Tu ne la trouve donc que passablement belle,
Et d'esprit elle n'est aussi que telle quelle?

ISABELLE.
Il me hait donc l'ingrat, ha! c'est pour en mourir.

DOM JUAN.
Je ne puis differer, je vay me descouvrir:
Enfin je ne suis plus...

JODELET.
Loin loin d'icy profane,
1050 N'atten plus rien de moy, si ce n'est cous de canne,
Puis-je pas le chassant retenir son habit?

ISABELLE.
Non, non, si j'ay chez vous tant soit peu de credit,
Qu'il ne soit point chassé (ce n'est pourtant qu'un traistre).

DOM JUAN.
Jamais coquin peut il plus offencer son maistre,
1055 Et qui l'eust jamais creu de ce chien de Valet?

JODELET.
Je vous quitte un moment mon Ange.

ISABELLE.
Jodelet.

DOM JUAN.
Madame.

ISABELLE.
Je rougis et ne sçay que luy dire.
Je vous nommois tantost l'Autheur de mon martyre,

LR: 1042   Ce sont chaleur qui passent   A,C,E,F.   (1045 à Dom Juan)
 (1047   à part)   (1048 à part)   (1049 à Isabelle)
 (1049   Jodelet le repoussant)   (1051 à Isabelle)
 (1053   à Jodelet, puis à part)   (1054 à part)
 (1056   Jodelet sort) (1056 à Dom Juan)   (1057 à part, puis haut)

        Et j'avois de l'amour pour vous, n'en croyez rien,
1060 Ce n'est qu'à Dom Juan que je voulois du bien,
        Vous estiez Dom Juan alors, mais à cette heure
        Vous estes Jodelet.

                DOM JUAN.
                Ha Madame, je meure,
        S'il me peut arriver jamais un bien plus doux,
        Que de voir Dom Juan quelque jour vostre espoux.

                ISABELLE.
1065 Il ne m'ayma jamais, j'en suis trop asseurée.

                DOM JUAN.
        Jamais chose de moy ne fut plus desirée,
        J'y mets toute ma gloire et mon ambition.

                ISABELLE.
        Vous estes donc content, car c'est ma passion.

                DOM JUAN.
        Ouy je serois content, trop aymable Isabelle,
1070 Si j'estois asseuré que vous fussiez fidelle:
        Mais helas! jusqu'icy tant mon malheur est grand,
        Tout semble vous convaincre, et rien ne vous deffend.

                SCENE VIII.

              BEATRIS, ISABELLE.

                BEATRIS.
        Il s'en est donc allé, le mignon de couchette,
        Je pourray maintenant tirer de sa cachette
1075 Le Seigneur Dom Louis.

                ISABELLE.
            L'as-tu bien vû sortir?

                BEATRIS.
        Il n'en faut point douter.

                ISABELLE.
              Va le faire partir,
        Et me vien retrouver au jardin.

                BEATRIS.
                Malheureuse,

LR: 1060   je voulois du mien A,E.   (1065 à part)
   (1068   Elle se retire au fond du théâtre pour parler à Beatris)
   (1069   à part)   (1072 Dom Juan sort)
LR: 1073   Il s'en est allé A,B,E,F.   (1077 Isabelle sort)

    Ne voy-je pas sortir cette Dame pleureuse,
    A qui Diable en veut donc ce fantosme hideux?
1080 Peste soit de la Dame,et du sot d'amoureux.

                    SCENE IX

                LUCRESSE, DOM LOUIS.

                    LUCRESSE.
    Ce procedé nouveau me surprend et m'estonne,
    C'est mal me proteger alors qu'on m'abandonne.
    Je reviens, m'a t'il dit, à vous dans un moment,
    Et comme si c'estoit trop de ce compliment,
1085 Et de m'avoir donné sa chambre pour azile,
    Il est peut estre allé se divertir en ville:
    Je viens tout maintenant d'ouïr des gens parler,
    Crier fort haut, se battre, et se bien quereller:
    Tout cecy me paroist de fort mauvais augure,
1090 Mais je leur veux monstrer une autre procedure,
    Je prendray congé d'eux avant que de sortir,
    Je ne puis faire moins que les en avertir:
    Je pense que voilà la chambre d'Isabelle,
    Elle est ouverte, entrons, et prenons congé d'elle,
1095 Mais j'y voy, ce me semble, un homme, ô Dieu! c'est luy!
    Je ne puis l'eviter.

                    DOM LOUIS.
                        Je pense qu'aujourd'huy
    Beatris a dessein de faire icy mon giste,
    Mais, ô chere Isabelle, où courez vous si viste?
    Je ne suis pas icy pour vous persecuter:
1100 Quoy! vous ne voulez pas seulement m'escouter!
    Et cependant pour vous nuit et jour je soupire.
    Helas! je n'ay qu'un mot seulement à vous dire,
    Vous m'avés envoyez tantost faire à Burgos
    Des crimes assez noirs pour n'avoir point d'esgaux.
1105 Vous m'avés reproché ma flâme criminelle,
    Comme si je trouvois quelque autre fille belle,
    Apres vous avoir veue, ou celle que j'y vy,
    Dont pour passer le temps je me feignis ravy,
    Ne posseda jamais que des apas vulgaires,
1110 Qu'elle estimoit beaucoup, et qui ne l'estoient gueres.
    Pour vous le tesmoigner mon nom je luy feigny,
    Et ce fut par pitié que je me contraigny
    A passer quelques nuits devisant avec elle,
    Je n'en ay depuis eu ny demandé nouvelle,
1115 D'en sçavoir ce n'est pas aujourd'huy mon soucy.

Var: 1080 du sot amoureux G,H.   (1080 Beatris sort)
    (1081 Lucresse entre seule, voilée)   (1096 à part)
    (1098 à Lucresse, la prenant pour Isabelle)
Var: 1110 estimoit charmans G,H.

                    LUCRESSE **ouvrant son voile.**
       Ha! je t'en veux aprendre infame, la voicy,
       Celle qui n'eut jamais que des apas vulgaires,
       Celle qui t'aimoit tant, et que tu n'aimois gueres,
       Qui te hait maintenant, et qui te haïra,
1120   Qui morte ou vive, aimée ou mesprisée ira
       Te reprocher par tout, amant impitoyable,
       Que ne t'ayant rien fait que n'estre pas aymable,
       Tu la devois laisser pour ce qu'elle valoit,
       Sans feindre de l'aymer, ouy traistre il le faloit,
1125   Et ne l'appeller pas et ton ame, et ta Reine.
       Helas! j'aurois un frere, et je serois sans peine,
       Au lieu que je me voy par cette trahison
       Sans honneur, sans appuy, sans frere, et sans maison.
       Tu pense m'eschapper, homicide parjure,
1130   Au secours, à la force,

                    DOM LOUIS.
                    Ha! Madame je jure
       Que vous serez contente.

                    LUCRESSE.
                    Ame et double et sans foy...

         SCENE   X

       DOM JUAN, LUCRESSE, DOM LOUIS.

                    DOM JUAN.
       Quel desordre est cecy?

                    LUCRESSE.
                    Dieu qu'est-ce que je voy?

                    DOM JUAN.
       N'est-ce pas là ma soeur?

                    LUCRESSE.
                    N'est-ce pas là mon frere?

                    DOM JUAN.
       Et l'un et l'autre object me mettent en colere.

                    DOM LOUIS.
1135   A qui donc en veut il?

                    DOM JUAN.
                    Je suis tout asseuré
       Du crime de ma soeur, je n'ay pas averé

(1129 Dom Louis veut sortir)   (1132 Ils se reconnaissant)
(1134 à part)   (1135 à part)

Tout à fait mes soupçons, commençons donc par elle:
Malheureuse.

     LUCRESSE.
   Ha Seigneur!

     DOM LOUIS.
      J'entreprend sa querelle,
Encore qu'elle cherche à se venger de moy:
1140 Mais quel droit pretens tu sur elle?

     DOM JUAN.
      Je le doy.

     DOM LOUIS.
Toy n'es-tu pas valet?

     DOM JUAN.
     Dom Juan est mon maistre,
Son honneur est le mien.

     LUCRESSE.
     Il se celle peut-estre
Avec quelque dessein.

     DOM LOUIS.
    Quoy me voir quereller
Deux fois par un valet?

     DOM JUAN.
     Ha! non pour s'en aller,
1145 C'est ce que je ne veux, et ne dois pas permettre:
Mais en cette maison qui vous a donc pû mettre,
Et pourquoy tant de cris?

     LUCRESSE.
     Vous allez tout sçavoir.
J'entrois dans cette chambre, et c'estoit pour y voir
Isabelle, j'ay veu cét homme, ce me semble,
1150 Qui m'a paru surpris, las encore j'en tremble!
A quelle intention il s'y vouloit cacher,
Je ne sçay, le voyant sortir pour l'empescher,
J'ai crié, mais je crois que sans vostre venuë...

     DOM JUAN.
C'est assez, c'est assez, mon offence est connuë,
1155 Je veux fermer la porte.

 (1138 Dom Juan haut à Isabelle. Lucresse à Dom Louis, lui demandant
   du secours; Dom Louis à Dom Juan)
 (1142 à part)
Var: 1144 Dom Juan (Lucresse veut sortir) G,H; (Dom Juan la retenant)

LUCRESSE.
                        Helas! je meurs de peur.

            DOM JUAN.
Il faut, ô Dom Louis, faire voir sa valeur.

            DOM LOUIS.
Tu mourras de ma main.

            DOM JUAN.
                    Je vous tien.

            LUCRESSE.
                            Je suis morte.

            DOM LOUIS.
On frape, on vient à nous.

            DOM JUAN.
                        Achevons, il n'importe.

                SCENE XI

DOM FERNAND, LUCRESSE, DOM JUAN, DOM LOUIS, ISABELLE.

            DOM FERNAND, **dehors.**
Il la faut enfoncer.

            LUCRESSE.
            Je feray bien d'ouvrir.

            DOM JUAN, **parlant bas à sa soeur.**
1160 N'ouvre pas, si par toy l'on peut me descouvrir...

            LUCRESSE.
Ha Seigneur Dom Fernand, appellez tous les vostres.

            DOM FERNAND.
Arrestez. Par la mort, le premier de vous autres,
Qui ne rengainera, je serai contre luy:
O Dieu, que d'embarras m'accablent aujourd'huy!
1165 Qui vous a mis icy, mon Neveu? vous Lucresse,
    Qui vous a descouverte? et vous quel mal vous presse,

    (1155 à part)   (1156 Dom Juan mettant l'épée à la main)
    (1157 Dom Louis à Dom Juan, mettant l'épée à la main ; joignant le
        fer)   (1158 On entend frapper à la porte)
    (1159 Lucresse va pour ouvrir la porte)
Var: 1160 parlant tout bas à sa soeur H.
Var: 1160 N'ouvrez pas si par toy H.
    (1161 criant)   (1162 Dom Fernand enfonçant la porte)
    (1165 à Dom Louis, puis à Lucresse et à Dom Juan)

Qui n'avez fait encore icy que quereller?

DOM LOUIS.
Vous allez tout sçavoir.

DOM JUAN.
Non laissez-moy parler,
Je le sçay mieux que luy; mais il faut que je sçache
1170 Si ce n'est pas ceans que Lucresse se cache,
Si Dom Louis n'est pas parent de la maison.

DOM FERNAND.
Ouy, l'un et l'autre est vray.

DOM JUAN.
N'est-ce pas la raison
Qu'un valet dans l'honneur d'un maistre s'interesse,
Lors que dans son honneur on l'attaque, on le blesse?

DOM FERNAND.
1175 On ne le peut nier.

DOM JUAN.
Escoutez si j'ay tort,
Je suis icy couru que l'on crioit bien fort,
Lucresse avoit trouvé sans doute à l'insceu d'elle
Dom Louis dans la chambre où se couche Isabelle,
Je l'ay veuë esplorée aux prises avec luy,
1180 Il faut qu'il ait esté caché tout aujourd'huy,
Car je n'ay pas levé l'oeil de dessus la ruë,
Et l'on n'a pû sortir sans passer à ma veuë.

DOM LOUIS.
Ha! c'est pour un valet trop de rafinement.

DOM JUAN.
Je ne suis pas au bout, il faut asseurement,
1185 Mon Maistre estant espoux de Madame Isabelle,
Qu'il se trouve offencé pour Lucresse ou pour elle;
Il pourroit bien encor l'estre pour toutes deux,
Je ne puis donc manquer en un cas si douteux,
Puis qu'en toutes les deux il peut aller du nostre
1190 D'achever Dom Louis, ou pour l'un ou pour l'autre.

DOM LOUIS.
D'achever? tu n'as pas encore commencé.

(1168 à Dom Fernand)   (1168 Dom Juan l'interrompant)
(1169 à Dom Fernand)
(1183 Dom Louis s'élançant sur lui; Dom Fernand les sépare)
(1191 Dom Louis s'élance encore)

DOM FERNAND.
Arrestez, Dom Louis, estes vous insensé?
Jodelet, ha voicy la plus estrange affaire
Dont on ait ouy parler.

DOM JUAN.
Vous n'y pouvez rien faire,
1195 Il faut que je le tuë.

DOM FERNAND.
Ha mon cher Jodelet,
Remettez vostre espée.

ISABELLE.
Il faut que ce valet
Soit jaloux pour son Maistre, et la chose est nouvelle.

DOM JUAN.
On ne sçauroit jamais vuider nostre querelle,
Mais pour l'amour de vous j'ose bien hazarder
1200 Un moyen qui pourra les choses retarder,
C'est que vous me fassiez chacun une promesse,
Vous, Seigneur Dom Fernand, de remettre Lucresse
Au pouvoir de son frere alors qu'il le voudra,
Vous, Seigneur Dom Louis, alors que l'on pourra,
1205 De vous coupper la gorge avec Dom Juan mesme.

DOM LOUIS.
Quant à moy je ne puis sans une peine extréme
Prendre ou donner parole à des gens comme toy.

DOM JUAN.
Sçachez que Dom Juan n'est pas autre que moy,
Si ce n'est que bien tost Dom Juan vous assomme,
1210 Vous sçavez si je suis ou puis estre vostre homme.

DOM FERNAND.
Ouy nous vous promettons ce que vous desirez.
Mon Neveu.

DOM LOUIS.
Je feray tout ce que vous voudrez,
Je donne ma parole.

DOM JUAN.
Et je donne la mienne
Que je n'avance rien que Dom Juan ne tienne.

DOM LOUIS.
1215 Je n'ay donc qu'à chercher vostre Maistre demain.

(1192 Dom Fernand les sépare)   (1196 à part)
LR: 1206 Quand à moy   (1212 à Dom Louis)   (1214 à Dom Fernand)

DOM JUAN.
Vrayment vous n'aurez pas à faire grand chemin.

DOM FERNAND.
Je m'en vay le chercher.

DOM JUAN.
Vous y pourray-je suivre?

DOM FERNAND.
Ouy, venez.

DOM JUAN.
J'ay bien peur que nous le trouvions yvre.

Fin du troisiéme Acte.

(1218 à part)

ACTE IV

SCENE PREMIERE.

LUCRESSE, ISABELLE.

LUCRESSE.
Vostre civilité m'est icy bien cruelle,
1220 Laissez moy, laissez moy sortir belle Isabelle.

ISABELLE.
Et quoy vous pensiez donc ainsi nous eschapper?
Le bonhomme n'est pas si facile à tromper,
Il s'en est bien douté, mais tantost il espere
De vous raccommoder avecque vostre frere,
1225 C'est une affaire aisée, ou je me trompe fort.

LUCRESSE.
Mon frere ne se peut flechir que par ma mort,
Delivrez vous plustost de cette infortunée,
Ses pleurs s'accordent mal avec vostre hymenée:
Car vous diray-je enfin la chose comme elle est,
1230 Dom Juan n'est rien moins que ce qu'il vous paroist.

ISABELLE.
Ha! le voicy venir, cachez vous je vous prie,
Vous n'avez qu'à passer dans cette galerie,
Pour gagner le jardin où je vous vay trouver,
Cependant je me cache icy pour l'observer.

SCENE II

JODELET **seul et en s'ecurant les dents.**

JODELET.
1235 Soyez nettes mes dents, l'honneur vous le commande,
Perdre les dents est tout le mal que j'apprehende.
    L'Ail ma foy vaut mieux qu'un Oignon,
    Quand je trouve quelque mignon,
    Si tost qu'il sent l'Ail que je mange,
1240   Il fait une grimace estrange,
    Et dit la main sur le roignon,
    Fi cela n'est point honorable,
    Que beny soyez vous Seigneur,
    Qui m'avez fait un miserable,
1245   Qui prefere l'Ail à l'honneur.

Var: 1226   par sa mort C,G,H.
   (1231   Isabelle apercevant Jodelet)
   (1234   Lucresse sort, Isabelle se cache)
Var: 1235   et en se curant les dents G,H.

    Soyez nettes mes dents, l'honneur vous le commande,
    Perdre les dents est tout le mal que j'apprehende.
      Que ce fut bien fait au destin
      De ne faire en moy qu'un faquin,
1250   Qui jamais de rien ne s'offense;
      Ma foy j'ay raison quand je pense
      Que plus grand est ·l'heur du gredin,
      Ni que du Prelat en l'Eglise,
      Ni que du Prince en un Estat,
1255   D'estre peu, beaucoup je me prise,
      Il n'est rien tel qu'estre pied plat.

    Soyez nettes mes dents, l'honneur vous le commande,
    Perdre les dents est tout le mal que j'apprehende.
      Quand je me mets à discourir
1260   Que le corps en fin doit pourrir
      Le corps humain où la Prudence
      Et l'honneur font leur residence,
      Je m'afflige jusqu'au mourir.
      Quoy cinq doigts mis sur une face,
1265   Doivent-ils estre un affront tel,
      Qu'il faille pour cela qu'on fasse
      Appeller un homme en duel?

    Soyez nettes mes dents, l'honneur vous le commande,
    Perdre les dents est tout le mal que j'apprehende.
1270   Un Barbier y met bien la main,
      Qui bien souvent n'est qu'un vilain,
      Et dans son mestier un grand aze:
      Alors que tel Barbier vous raze;
      Il vous gaste un visage humain,
1275   Pourquoy ne t'en veux tu pas battre,
      Toy qu'un souflet choque si fort
      Que tu t'en fais tenir à quatre,
      Un soufletté vaut bien un mort?

    Soyez nettes mes dents, l'honneur vous le commande,
1280 Perdre les dents est tout le mal que j'apprehende.
      Pour moy j'estime moins qu'un chien,
      Celuy qui n'aime icy bas rien,
      Que botte en tierce ou bien en quarte,
      Ou cheval qui de la main parte,
1285   Ou pistolet qui tire bien.
      Faut il qu'en duels on abonde
      Pour quelque injure que ce soit,
      Si coups de baston sont au monde,
      Qui font mal quand on les reçoit?

1290 Soyez nettes mes dents, l'honneur vous le commande,
    Perdre les dents est tout le mal que j'apprehende.

LR: 1250 (Que jamais de rien ne s'offense A,B,C,E,F.

                Messieurs les lions rugissans,
                Qui tout allez esclaircissant
                Au gré de vostre jaune bille,
1295   Sçachez aux champs comme à la ville
                Un souflet vaut mieux que cinq cens;
                Puisque souflets les deshonorent,
                Ou les hommes sont insensez
                Ou Messieurs les vivans ignorent
1300   Quels sont Messieurs les trespassez.

Soyez nettes mes dents, l'honneur vous le commande,
Perdre les dents est tout le mal que j'apprehende.

SCENE III

BEATRIS, JODELET.

BEATRIS.
Ha Seigneur Dom Juan, l'on vous a bien cherché.

JODELET.
                    L'on me devoit trouver, je n'estois pas caché,
1305 Et qui sont ces chercheurs?

BEATRIS.
                            L'un est vostre beau pere,
Et l'autre Dom Louis fils de son deffunt frere,
Vostre valet en est aussi.

JODELET.
                          J'estois allé
Chez un amy manger d'un pied de boeuf sallé,
Ou j'ay trouvé d'un Ail qui sent bien mieux que l'Ambre:
1310 Quelle clef tenez-vous?

BEATRIS.
                           Celle de vostre chambre,
Dom Fernand vous destine un autre appartement
Où vous serez bien mieux et plus commodement.

JODELET.
Pourquoy ce changement?

BEATRIS.
                        Il craint la medisance,
Et vous ne pouvez pas avecque bien seance,
1315 Coucher prés de sa fille.

Var: 1293   Qui tous allez esclaircissant C; esclaircissans G,H.
    (1303 Beatris tenant une clef)

JODELET.
         Ha! chere Beatris,
Sçay-tu bien que pour toy je suis d'amour épris,
De tout temps je me trouve enclin aux Beatrisses,
Pour toy je couve un feu plus chaud que des espices.

           BEATRIS.
1320 Moy j'aime de tout temps les Seigneurs Dom Juans,
Et je sentis mon mal quand vous vinstes ceans.

           JODELET.
Follette, Dieu me sauve...

           BEATRIS.
         Ha prenez la donc viste.

           JODELET.
Mais vien donc me mener jusqu'à ce nouveau giste.

           BEATRIS.
Tarare suivez moy, j'y vay tout de ce pas.

           JODELET.
Larronnesse des coeurs, tu n'eschaperas pas:
1325 Las faut il donc pour vous que nostre poitrine arde,
Si vous n'estes pour nous qu'une Nimphe fuyarde.

         SCENE   IV

      ISABELLE, JODELET.

           ISABELLE.
Quoy, Seigneur Dom Juan, vous courez Beatris?

           JODELET.
Je voulois tant soit peu m'esbaudir les esprits.

           ISABELLE.
Je ne vous croyois pas de si peu de courage.

           JODELET.
1330 Ce sont jeux de garçon qui passent avec l'aage.

           ISABELLE.
Vous donnerez de vous mauvaise opinion,
Et je dois bien douter de vostre affection.

(1321 lui présentant la clef et voulant s'échapper)
(1322 la retenant)
(1323 Beatris se débarasse de Jodelet et se sauve)
(1324 Jodelet seul à Beatris qui fuit)

JODELET.
Allez vous en filer, nostre espouze future,
Plus grand Dame que vous est Madame Nature,
1335 Je suis son serviteur, et le fus de tout temps,
Et nargue pour tous ceux qui n'en sont pas contens.

ISABELLE.
Je vay donc vous laisser de peur de vous desplaire.

JODELET.
Object charmant et beau, vous ne sçauriez mieux faire:
Ma foy je m'y suis pris de mauvaise façon,
1340 Car je sçay que son coeur ne fut jamais glaçon.
Aristote a raison, qui dit qu'une maraude
Ne se doit point prier, mais qu'il faut à la chaude
La griper aux cheveux, la saisir au collet,
Quelquefois l'affoiblir avec un beau souflet,
1345 Si souflet ne suffit, user de la gourmade,
Si la gourmade est peu, lors de la bastonnade,
Tout homme de bon sens doit, ce dit-il, user
Pour la mettre en estat de ne rien refuser,
Mais autre censeur vient de mes censeurs le pire.

SCENE V

DOM FERNAND, JODELET.

DOM FERNAND.
1355 Je vous cherche par tout, Dom Juan.

JODELET.
                    Que desire
L'equitable Fernand de son humble valet?

DOM FERNAND.
N'avez vous rien appris de vostre Jodelet?

JODELET.
Non, mais devant la nuit je le verray possible.

DOM FERNAND.
C'est pour vous proposer chose assez mal plausible.

JODELET.
1355 Quelle est donc cette chose?

DOM FERNAND.
                    Il faut absolument,
(Pensez bien qu'à regret...)

Var: 1335   de tous temps   C,G.   (1338 Isabelle sort; Jodelet seul)
Var: 1342   mais il faut   H.   LR 1347: se dit-il   A,B,D,E,F.

JODELET.
　　　Que faut il? vistement.

　　DOM FERNAND.
Aller à la campagne.

　　　JODELET.
　　　Est-ce tout? que m'importe?

　　DOM FERNAND.
Ouy, mais c'est pour vous battre.

　　　JODELET.
　　　　　　　Ha, non en cette sorte
Il m'importe beaucoup, mais si sans resister
1360 Je veux vous obeyr, à quoy bon m'irriter?

　　DOM FERNAND.
Parce qu'on vous a fait une offence mortelle.

　　　JODELET.
Dom Fernand, vous monstrez icy peu de cervelle,
Il faut que vous soyez certes un Maistre fou.

　　DOM FERNAND.
Courage Dom Juan, mais puis-je sçavoir d'où
1365 Vous pouvez inferer que je ne sois pas sage?

　　　JODELET.
De venir sottement m'avertir d'un outrage
Que je ne sçavois point, et ne voulois sçavoir.

　　DOM FERNAND.
Apprenez en cela que j'ay fait mon devoir,
Et que si vous voulez vous acquitter du vostre,
1370 Il faut sans vous servir de la valeur d'un autre
Aujourd'huy s'il se peut voir l'espée à la main
Celuy qu'on sçait avoir tué vostre germain,
Il le tua la nuit, soit hazard, soit vaillance,
Vous devez vistement en faire la vengeance.

　　　JODELET.
1375 Fut-ce la nuit?

　　DOM FERNAND.
　　　La nuit!

　　　JODELET.
　　　　　Se batte qui voudra,
Puis que sans voir il tuë, alors qu'il me verra,
Que pourrois-je durer contre un tel Matamorre,
Et de plus voulez vous que je vous die encore

L'avantage qu'auroit ce dangereux garçon?
1380 C'est que cét enragé sçait desja la façon
Dont il faut despescher ceux de nostre lignage.

DOM FERNAND.
Pensez vous, Dom Juan, avoir bien du courage?

JODELET.
Ouy-da j'en ay beaucoup, et n'en ay que du bon,
Dittes moy seulement où le trouvera t'on?
1385 Est-il bien loin d'icy? se fera t'il attendre?
Sçavez vous son logis? le pourra t'on apprendre?
Et son nom quel est-il?

DOM FERNAND.
Dom Louis de Rochas.

JODELET.
Quoy, c'est vostre neveu, je ne me bas donc pas
Puis qu'il a vostre nom qui m'est si venerable,
1390 Cette qualité m'est assez considerable,
Pour me mettre à ses pieds où je le trouveray,
Et si vous le voulez, mesme je l'aymeray.

DOM FERNAND.
Ce n'est pas tout encor, une seconde offence
Vous devroit contre luy porter à la vengeance,
1395 Vostre soeur a sujet de s'en plaindre bien fort.

JODELET.
Je veux qu'en offençant ma soeur il ait eu tort,
Mais je suis de serment, et n'en desplaise aux Dames,
De ne prendre jamais querelle pour des femmes.

DOM FERNAND.
Vous estes un Poltron, ou je me trompe bien.

JODELET.
1400 Au beau pere cela ne doit toucher en rien.

DOM FERNAND.
Aprenez neantmoins que tout cecy me touche.

JODELET.
Beau pere trop hargneux, beau pere trop farouche,
Beau pere assassinant, et beau pere eternel
Qui me viens proposer un acte criminel.
1405 Que vous a desja fait un miserable gendre
Que vous taschez desja de voir son sang respandre?
Monseigneur Belzebut qui vous puisse emporter,
Vous auroit-il chargé de me venir tenter,
Si le danger n'estoit que d'un simple homicide?

1410 Mais vous voulez sur moy voir faire un gendricide,
Et le faire devant la consommation,
Est certes, Dom Fernand, tres cruelle action.

DOM FERNAND.
Vostre valet tantost a donné sa parole
De se battre pour vous.

JODELET.
Qu'il la tienne le drosle,
1415 Je ne suis point jaloux de le voir plein de coeur.

DOM FERNAND.
Vous ne vous battez point pour frere ny pour soeur.

JODELET.
Il faut estre en humeur pour se battre, et je meure,
Si j'y fus jamais moins que j'y suis à cette heure.

DOM FERNAND.
Je vous croyois vaillant, je me suis bien trompé.

JODELET.
1420 Quand d'un glaive tranchant je seray decoupé
Qu'en sera mieux ma soeur, qu'en sera mieux mon frere?
Laisse-moy donc en paix, homme, singe, ou beau pere.

DOM FERNAND.
Vous n'avez qu'à chercher autre femme à Madrid.

JODELET.
Que vous eussiez aimé pour vostre gendre un Cid
1425 Qui vous eust assommé, puis espouzé Chimene!

DOM FERNAND.
N'attendez plus de moy que mespris et que haine,
O le plus grand poltron qui jamais ait esté!

JODELET.
Je suis, ô Dom Fernand, de vostre cruauté,
Malgré vos noires dents, Serviteur tres fidelle,
1430 Et je le suis aussi de Madame Isabelle.

DOM FERNAND.
Je ne suis point le vostre, et hors de ma maison
Je vous forcerois bien à me faire raison.

SCENE VI

DOM JUAN, DOM FERNAND, JODELET.

DOM JUAN.
Qu'avez-vous Dom Fernand qui vous met en colere?

DOM FERNAND.
Ce gendre mal choisi.

JODELET.
Parlez mieux mon beau pere.

DOM FERNAND.
1435 Esloignons nous de luy, ce gendre donc maudit
Vous desavoue en tout, et m'a nettement dit
Qu'il n'estoit point d'avis de venger son offence,
Et qu'il ne fut jamais enclin à la vengeance,
Mesme il m'a quasi dit qu'il a perdu le coeur.
1440 Faittes luy revenir, sauvez luy son honneur,
Trop fidelle valet d'un trop timide maistre,
Monstrez luy vivement quel homme il devroit estre,
Qu'estant de Dom Louis doublement outragé,
C'est l'avoir bien servy que l'avoir engagé,
1445 Quoy que son ennemy soit homme redoutable,
Que cette offence aussi n'est guere supportable:
Monstrez vous bon amy, monstrez vous bon valet,
Inspirez luy du coeur valeureux Jodelet:
Je sçay bien qu'en cecy j'ay quelque part à prendre,
1450 Mais touchant mon devoir on ne peut rien m'apprendre,
Si j'estois offencé comme luy doublement,
On verroit Dom Fernand agir tout autrement,
En fin n'oubliez rien affin qu'il s'evertuë,
Son ennemy l'attend au bout de cette ruë,
1455 Qui s'imaginera qu'on le redoute fort.
Je m'en vay le trouver.

DOM JUAN.
Mais de quel autre tort
Mon maistre Dom Juan doit il tirer vengeance?

DOM FERNAND.
Il vous apprendra tout, le voicy qui s'avance.

DOM JUAN.
Or ça mon Jodelet, dy moy sans rien changer
1460 Quels outrages nouveaux avons nous à venger?

   (1434 Dom Fernand menace Jodelet qui sort)
Var: 1442   il devoit estre G.
   (1459 Dom Fernand sort, Jodelet revient)
Var: 1461   S'en est-il allé donc G,H.

SCENE VII

JODELET, DOM JUAN.

JODELET.
S'en est-il en allé?

DOM JUAN.
Ouy.

JODELET.
Tant mieux, que je meure
S'il ne m'a quasi fait enrager tout à l'heure.
Seigneur, il n'est plus temps de se plus deguiser,
Le faire plus long temps ce seroit niaiser,
1465 Dom Louis en feroit une piece pour rire,
Mais l'avez vous pour moy deffié?

DOM JUAN.
Sans luy dire
Que j'estois Dom Juan, ouy je l'ay deffié,
Et ma foy je m'estois tousjours bien deffié,
Que ce jeune galand cajoloit Isabelle,
1470 Enfin je l'ay trouvé tantost caché chez elle,
Et sans un accident que je te dois celer
Nous nous fussions battus au lieu de quereller,
Et je n'ay seulement l'affaire differée,
Qu'attendant que je voye un peu mieux averée
1475 Une chose qui n'est encore en mon esprit
Qu'un sujet de soupçon, de rage et de despit,
Car enfin ce peut-estre un coup de temeraire,
Un tour de Beatris, que l'argent a fait faire,
Puis j'ay quelques raisons pour croire asseurement
1480 Qu'Isabelle en cecy ne trempe nullement.

JODELET.
Monsieur, ce n'est pas tout que vostre jalousie,
Autre chose vous doit brouiller la fantaisie,
Dom Louis en l'honneur vous offence bien fort,
De vous expliquer mieux la chose j'aurois tort,
1485 Elle ne peut quasi s'entendre ny se dire,
L'un et l'autre l'augmente, et la rend tousjours pire.

DOM JUAN.
Ha! ne me la di point, je la devine assez,
Mais que tous mes malheurs et presens et passez
Se bandent contre moy, j'ay pour moy mon courage
1490 Et qui le sçait encor?

1480 tremblé H. trompé 1664.
1489 bon courage C,G,H.

JODELET.
    Tout le monde.

DOM JUAN.
                    Ha! j'enrage.
Ha! maintenant fureur je m'abandonne à vous,
Et Dom Fernand, est il pour nous ou contre nous?

JODELET.
Dom Louis est son sang, mais pour l'honneur du vostre
Il fait ce qu'on ne fit jamais pour pas un autre,
1495 Il veut que Dom Louis vous en fasse raison,
Et Dom Louis m'attend prés de cette maison,
Qui me croit Dom Juan.

DOM JUAN.
              Il faut que je le tuë,
Mais on est bien souvent separé dans la ruë,
Les combats de pavé sont moins guerre que paix,
1500 C'est à quoy je ne puis me resoudre jamais,
J'hazarde ma vengeance allant à la campagne,
On n'y fait quasi plus de combat en Espagne,
Qu'on ne conte la chose autrement qu'elle n'est
Et ce lieu de combat moins que l'autre me plaist;
1505 Si dans quelque maison, quoy que contre la mode...

JODELET.
Attendez, je vous trouve une place commode,
Je tiens icy la clef d'un bas appartement,
Où nous devons coucher, là tres commodement
Vous vous pourrez venger presqu'aux yeux d'Isabelle,
1510 Sans qu'il en soit rien sceu que de son pere ou d'elle.

DOM JUAN.
Ha! mon cher Jodelet, que tu l'as bien choisi,
Va viste le trouver.

JODELET.
            Mais plustost allez-y,
Il est temps ou jamais qu'on sçache qui vous estes,
Comment pretendez vous faire ce que vous faites,
1515 Et passer pour valet? allez, allez Seigneur,
Vous descouvrir, vous battre, et venger vostre honneur.

DOM JUAN.
Quoy! si par un effet de pure jalousie
Pour un simple soupçon né dans ma fantaisie
J'ay deguisé mon nom, veux-tu pour un affront,
1520 De qui le moindre mal est de rougir mon front,
Que je m'aille monstrer? ah plustost je te prie,
Si tu n'aime mieux voir Dom Juan en furie,
Souffre encore mon nom qui ne t'offence en rien,

Une offence est bien pire, et je la souffre bien.

JODELET.
1525 Vous me l'ordonnez donc?

DOM JUAN.
Mesme je t'en conjure.

JODELET.
Il vous faut obeyr, mais si par avanture,
Comme les hommes sont souvent impatiens
Il vouloit desgainer devant qu'estre ceans,
Que fera Jodelet qui n'ayme point la guerre,
1530 Et qui se plaist bien fort au sejour de la terre?

DOM JUAN.
Fay luy signe de loin, il ne manquera pas
De te venir trouver: et toy d'un mesme pas
Tu me l'ameneras en cette chambre basse.

JODELET.
Autre difficulté mon esprit embarasse,
1535 S'il est court de visiere?

DOM JUAN.
Ha! c'est trop discourir,
Ne me replique plus, et me le vas querir.

JODELET.
Ce dur commandement terriblement me choque,
Mais Seigneur, gardez vous sur tout de l'equivoque,
Discernez Jodelet d'avecque Dom Louis,
1540 On a souvent les yeux de colere esblouis,
Et si sans y penser devant Dom Louis j'entre,
Et que sans y penser vous me perciez le ventre,
Me disant Jodelet, ma foy j'en suis marry,
Je seray tout à l'heure et content et guery.

Fin du quatriéme Acte.

ACTE V

SCENE PREMIERE.

BEATRIS entre par une petite porte,
une chandelle à la main.

BEATRIS.

1545 Pleurez, pleurez mes yeux, l'honneur vous le commande,
S'il vous reste des pleurs, donnez m'en, j'en demande.
Je viens d'allumer ma chandelle,
La nuit noire comme du geais
Vient d'arriver pompeuse et belle
1550 Plus que je ne la vi jamais,
De ses Damoiselles suivantes
Les estoilles estincellantes,
Elle traine un brillant troupeau,
Que ses servantes sont heureuses,
1555 Si d'un valet qui se croit beau
Elles ne sont point amoureuses.

Pleurez, pleurez mes yeux, l'honneur vous le commande,
S'il vous reste des pleurs, donnez m'en, j'en demande.
Estoilles luisantes et nettes,
1560 Si vous en aimiez comme moy,
Toutes celestes que vous estes
Vous enrageriez sur ma foy,
Tantost ce Grenadin, ce More,
Comme du feu qui me devore
1565 Je luy contois la cruauté,
M'a dit que je ne valois gueres,
Et qu'il estoit fort bien tenté
De me donner les estrivieres.

Pleurez, pleurez mes yeux, l'honneur vous le commande,
1570 S'il vous reste des pleurs, donnez m'en, j'en demande.
D'escus une assez bonne somme
Devant luy je faisois sonner,
Et luy faisois assez voir comme
Moy qui prens je luy veux donner:
1575 Aussi tost cette ame rebource
M'a donné de ma mesme bource
Un si grand coup dessus le cou
Que je m'en sens toute eschinée:
O que pour aimer un tel fou
1580 Il faut que je sois forcenée!

(Le théâtre représente une chambre à coucher dans laquelle il y a
une alcôve. Beatris seule, entrant par une petite porte, une
chandelle à la main qu'elle pose sur une table)
Var: 1545 Beatris entre dans une petite porte D.

Pleurez, pleurez mes yeux, l'honneur vous le commande,
S'il vous reste des pleurs, donnez m'en, j'en demande.
   S'il plaisoit à la destinée,
   Qu'il fut l'importun à son tour,
1585 Et Beatris l'importunée,
   Alors à beau jeu beau retour,
   Encore aurois-je quelque joye,
   Mais helas! jusque dans le foye
1590 Il me brusle, le faux larron,
   Et s'en rit l'impitoyable homme
   Aussi fort qu'autre fois Neron
   Rioit alors qu'il brusloit Rome.

Pleurez, pleurez mes yeux, l'honneur vous le commande,
S'il vous reste des pleurs, donnez m'en, j'en demande.
1595 Et cependant mon mal me presse,
   Mais quelqu'un vient par l'escalier,
   C'est Isabelle ma maistresse,
   Reprenons nostre chandelier:
   Que si quelqu'un de l'assistance
1600 Trouve qu'à moy n'apartient stance,
   Qu'il sçache que l'Autheur discret,
   Qui sçait fort bien que le colloque
   Est dangereux pour le secret
   M'a regalé d'un soliloque.

1605 Pleurez, pleurez mes yeux, l'honneur vous le commande,
  S'il vous reste des pleurs, donnez m'en, j'en demande.

SCENE II

ISABELLE, BEATRIS, LUCRESSE.

ISABELLE.
Madame Beatris, que faittes vous icy?

BEATRIS.
Je prepare une chambre à vostre Amant transi,
Et vous d'où venez-vous, et Madame Lucresse?

ISABELLE.
1610 Je viens de me donner en proie à la tristesse.

LUCRESSE.
Madame, je vous dis pour la seconde fois
Quand on auroit remis la chose à vostre chois,
Vous ne pouviez choisir en toute la Castille
Un plus digne mary d'une excellente fille:
1615 Alors que Dom Juan vous sera mieux connu
Vous me confesserez que je vous ay tenu

LR: 1602 Qui sçait fort bien que le colloque A,E.

Un discours veritable.

ISABELLE.
Et moy je vous asseure
Lors que si richement vous faites sa peinture
Qu'il faut que de nous deux quelqu'une resve bien,
1620 Vous de le croire tel,moy de n'en croire rien.
Helas! à vous sa soeur l'oserois-je bien dire,
Il semble qu'il ne songe à rien qu'à faire rire,
Tousjours dans l'action d'un homme extravagant
Soit par accoustumance, ou soit par accident,
1625 Parlant tousjours du nez, et de plus il affecte,
La façon de parler tousjours la moins correcte,
Tousjours quelque mot goinfre est dans tous ses discours,
Et je pourrois passer heureusement mes jours
Avec un tel Espoux? ah! fille mal-heureuse!
1630 Encor si je pouvois estre Religieuse:
Mais helas! je me sens pour la Religion,
Et pour ce brave espoux pareille aversion.

BEATRIS.
Finissez, finissez vostre querimonie,
Et gagnons l'escalier, et sans ceremonie,
1635 Quelqu'un ouvre la porte, et l'on vous surprendra,
Quant à moy je m'enfuis, me suive qui voudra.

SCENE III

DOM JUAN, JODELET, DOM LOUIS.

DOM JUAN **ouvre la porte et en oste la clef.**
Laissons la porte ouverte, et gagnons cét Alcove,
Je les entens venir.

JODELET.
Mon Maistre, Dieu me sauve,
Ne fut jamais qu'un traistre, il s'en est en allé:
1640 Helas! j'en ay le sang quasi tout congelé,
Et qui l'eust jamais crû? peste il ferme la porte,
Que deviendray-je donc?

DOM LOUIS.
Nous pouvons de la sorte
Nous battre tout le saoul, si le coeur vous en dit.

    (1636 elles sortent)
    (1638 Jodelet, un chandelier à la main, Dom Juan dans l'alcove)
    (1640 Voyant entrer Dom Louis qui ferme la porte)
    (1641 Il met le chandelier à terre)
Var: 1641 peste, il est ferme la porte G.

JODELET.
Vous me pardonnerez, je n'ay point d'appetit.

DOM LOUIS.
1645 Que differez vous donc à venger vostre outrage?
Je crains vostre raison moins que vostre courage:
Vous ne me dittes mot, et bien qu'attendons nous?
Ha! vrayement si j'estois offencé comme vous,
Je vous monstrerois bien une autre impatience.

JODELET.
1650 Mon Maistre asseurement n'a point de conscience.

DOM LOUIS.
Que Diable cherchez vous?

JODELET.
   Je cherche ma valeur.

DOM LOUIS.
Apres avoir tantost monstré tant de chaleur
Vous estes maintenant, ce me semble, un peu tiede,
Mais pour vous réchauffer je tiens un bon remede.

JODELET.
1655 Ha bon Dieu! quelle longue espée à giboyer,
Et qui peut seulement la voir sans s'effrayer.

DOM LOUIS.
Dom Juan est poltron, ou fait semblant de l'estre.

JODELET.
Le Seigneur soit loüé, je vien de voir mon Maistre,
Je n'ay plus maintenant qu'à faire le fougueux,
1660 Ma colere est tantost au point où je la veux:
Si tost qu'elle y sera vous verrez faire rage,
Ha! Seigneur sortez donc, manquez vous de courage?

DOM JUAN.
Va donc pour l'amuser te battre en reculant.

   JODELET **pousse une estocade sans**
      estre en mesure.
Dieu veuille estre avec nous.

LR: 1644 Nous me pardonnerez A.   Var: 1647 Hé bien... H.
 (1650 à part, cherchant Dom Juan) (1654 Il met l'épée à la main)
 (1655 à part)   (1658 à part, puis 1660 haut)
 (1662 bas à Dom Juan)   (1664 Jodelet mettant l'épée à
  la main et poussant une estocade sans être en mesure)

DOM LOUIS.
L'effort est violent,
1665 Vous vous battez fort bien.

JODELET.
Assez bien, ha que n'ay-je
Contre les coups d'estoc quelque bon sortilege,
Attendez, ah mon maistre, ah c'est trop me presser,
Mon espée est faussée, il la faut redresser.
N'avez vous pas tué mon frere sans lumiere?

DOM LOUIS.
1670 Ouy.

JODELET.
Pour vous tesmoigner que je ne vous crains guere
Je ne veux point avoir d'avantage sur vous,
Je veux sans voir, vous battre, et vous rouer de cous:
Meurs donc chandelle, meurs, et nous laisse en tenebres:
Et vous allez finir vos passetemps funebres,
1675 Pour moy qui suis exact en ce que je promets,
Je veux estre pendu si l'on m'y prend jamais.

DOM LOUIS.
C'est dans l'obscurité que la lumiere est belle,
Vous ne vous battiez pas si bien à la chandelle,
Et vous m'avez blessé, mais je m'en vengeray.

SCENE IV

DOM FERNAND, DOM LOUIS, JODELET, DOM JUAN.

DOM FERNAND.
1680 Beatris.

DOM JUAN.
Sors, sors viste, ou je t'estrangleray.

DOM FERNAND.
Qu'est cecy, mes amis?

JODELET.
Je venge mon offence.

(1665-6 haut, puis à part)   (1667 à Dom Louis, puis à Dom Juan)
(1668 à Dom Louis)   (1673 éteignant la chandelle)
(1674 bas à Dom Juan)   (1675 à part)
(1676 Il entre dans l'alcove, Dom Juan prend sa place et se bat avec
Dom Louis)   (1680 Dom Fernand dehors)
(1680 bas à Jodelet, qui sort de l'alcove. Dom Juan y rentre)
(1681 Beatris arrivant une chandelle à la main)

DOM LOUIS.
On m'a tiré du sang, j'en veux tirer vengeance.

DOM FERNAND.
Est-ce d'une estocade, ou d'un estramaçon?

JODELET.
L'un et l'autre ma foy n'est point de ma façon.

DOM FERNAND.
1685 Monstrez si vous avez la main un peu coupée.

JODELET.
La sale vision que de voir une espée.

DOM FERNAND.
Allons mes chers amis, battez vous hardiment,
Je ne parois icy pour la paix nullement.
L'un de qui l'honneur souffre est pour estre mon gendre,
1690 Et l'autre est mon parent qui voit son sang respandre,
Battez vous donc, Amis, et bien fort vous serez
Bien plustost animez par moy, que separez.

DOM LOUIS.
Vostre conseil est trop d'un homme de courage
Pour n'estre pas suivy.

JODELET.
     De tout mon coeur j'enrage,
1695 Ha, le meschant vieillard qui conseille un duel!

DOM LOUIS.
La colere me rend insolent et cruel,
J'ay trompé vostre soeur, j'ay tué vostre frere,
Je le ferois encor si je l'avois à faire,
Il ne me reste plus qu'à vous tuer aussi.

DOM JUAN **sortant de l'Alcôve.**
1700 Vous ne connoissez pas Dom Juan, le voicy,
Vous trompastes ma soeur, vous tuastes mon frere,
Mais bien-tost vostre mort s'en va me satisfaire,
C'est au vray Dom Juan qu'appartient seulement
De venger son honneur offencé doublement.

DOM LOUIS.
1705 Quel est donc de vous deux Dom Juan?

Var: 1685 Monstrez-moy, vous avez B,C,G,H.
 (1686 prenant la chandelle qui est à terre et la mettant à la place
    de celle de Beatris qui est allumée)
 (1687 Beatris sort en criant d'effroi) (1694 à part)
LR: 1695 qui conseille en duel A,B,E,F. (1696 à Jodelet)

                    DOM JUAN.
                            C'est moy mesme.
                    DOM LOUIS.
     Et luy?

                    JODELET.
          Je ne le suis qu'en cas de stratageme.

                    DOM JUAN.
     Ouy, je suis Dom Juan qui vous vient de blesser,
     Si je l'ay fait sans voir, vous pouvez bien penser,
     Qu'à moy venger ma honte est chose fort aysée,
1710 Maintenant que je voy celuy qui l'a causée,
     Tandis que mon esprit a seulement douté
     J'ay voulu m'esclaircir, et n'ay rien attenté,
     Sous le nom d'un valet j'ay souffert mon offence,
     Tandis qu'un seul soupçon m'en demandoit vengeance,
1715 Vous qui me l'avez faite, et l'osez declarer,
     Vous me croyez peut estre un homme à l'endurer?
     Je n'ay pour le sçavoir de science certaine
     Oublié jusqu'icy ny finesse ny peine:
     Enfin mon deshonneur ne m'est que trop connu,
1720 Vous sçavez Dom Louis à quoy je suis tenu,
     Pour mon sang respandu, j'ay respandu du vostre,
     Mais deux autres sujets m'en demandent bien d'autre.
     Je ne puis vivre heureux sans vous faire mourir,
     Pour cela seulement j'ay deu me descouvrir,
1725 Je suis donc Dom Juan, que personne n'en doute.

                    DOM LOUIS.
     Croyez-vous à ce nom que plus on vous redoute?

                    DOM JUAN.
     Et croyez vous aussi me donner le trespas?
     Vous ne tuez qu'alors que l'on ne vous voit pas:
     Mais puis que je vous voy, qui vous pourra, barbare,
1730 Garantir de la mort que ma main vous prepare?
     Quand je vous aurois tous icy pour ennemis,
     Je veux qu'on tienne icy tout ce qu'on a promis,
     L'on m'a promis ma soeur, il faut qu'on l'effectue,
     Je luy dois vostre mort, il faut que je vous tue,
1735 Voyez si Dom Juan tient bien ce qu'il promet,
     Soit qu'il paroisse en Maistre, ou se cache en valet:
     Dom Fernand, tenez donc la parolle donnée,
     Commandez que ma soeur me soit viste amenée,
     Et vous le plus mortel de tous mes ennemis,

     (1706 Dom Louis montrant Jodelet)
 LR: 1715 Vous qui me l'avez fait   A,E,F.
 LR: 1728 l'on ne vous croit pas   A,E,F.

DOM FERNAND.
Ha! Seigneur Dom Juan un peu de patience!
1740 Battez vous contre moy, vous me l'avez promis.

DON JUAN.
Pour en avoir eu trop j'ay manqué ma vengeance,

DOM FERNAND.
Pourquoy vous estes vous deguisé parmy nous?

DOM JUAN.
J'estois jaloux.

DOM FERNAND.
De qui?

DOM JUAN.
De luy.

DOM LOUIS.
De moy?

DOM JUAN.
De vous.
1745 Je vous ay vû sortir du Balcon d'Isabelle.

DOM LOUIS.
Vous m'en vistes sortir.

DOM JUAN.
Vous mesme, et puis chez elle
Je vous ay vû caché, mais ces jaloux soupçons
Ne rallentirent point mon feu de leurs glaçons:
Au contraire il s'accrut avecque violence,
1750 Lors je me deguisay, je garday le silence,
Et ne fus pas long temps sans rencontrer en vous
Un rival dont j'avois sujet d'estre jaloux:
Vous n'excitiez alors que ma simple colere,
Et n'eusse jamais crû que la mort de mon frere
1755 Deust se trouver encor un coup de vostre main!
Je vous croyois Coquet, et non pas inhumain,
Enfin j'ay sçeu depuis qu'une mortelle offence
Me devoit contre vous porter à la vengeance,
J'ay crû que vous estiez coupable envers ma soeur,
1760 J'ay crû que vous estiez son lasche ravisseur.
Lors par ressentiment plus que par jalousie
La fureur contre vous m'avoit l'ame saisie:
J'ay bien tost preferé pour vous priver du jour
Les soins de mon honneur à ceux de mon amour.
1765 Quand on souffre en l'honneur l'amour ne touche guere.
Maintenant que je voy que de mon pauvre frere,
Que vous avez tué la nuit trop laschement,

Vous m'osez reprocher la mort insolemment:
Que pour vous contre moy le Ciel avec la Terre,
1770 Et tout le genre humain me declare la guerre,
Malgré le Ciel, la Terre, et tout le genre humain,
Il faut que vous mouriez aujourd'huy par ma main.

DOM LOUIS.
Ceux qui me connoistront sçauront bien que la crainte
N'est pas ce qui me fait approuver vostre plainte,
1775 Quand vous me reprochez que vostre frere est mort,
La raison est pour vous, et moy j'ay tousjours tort:
Mais je devrois plustost estre par cette offence,
Un objet de pitié qu'un objet de vengeance:
Helas, je le tué, mais comment, et pourquoy?
1780 Et quand je le sçeu mort, qui pleura plus que moy?
Il m'attaqua la nuit, et moy sans le connoistre,
Je crû l'ayant tué, n'avoir tué qu'un traistre:
Malheureux que je suis, j'avois tué sans voir,
Le plus intime amy que je croyois avoir,
1785 Ouy, je l'aimois autant qu'on peut aimer un autre.
Puis qu'il fut mon amy pour devenir le vostre,
Je donnerois mon sang, je donnerois mon coeur,
Et ce discours n'est point un effet de ma peur.

DOM JUAN.
Outre qu'un genereux facilement pardonne,
1790 Cette seule raison sans doute est assez bonne,
Je veux que vous l'ayez tué sans y penser,
Et que vous n'ayez eu dessein de m'offencer:
Mais vous ne vous lavez icy que d'une offence,
Et ma soeur contre vous me demande vengeance:
1795 Et puis que son honneur à mon honneur est joint,
Je seray sans honneur si ma soeur n'en a point:
En l'humeur où je suis je n'ay pas grande envie,
Si vous m'ostez l'honneur, de vous laisser la vie.

DOM LOUIS.
Je pourrois bien encor, espouzant vostre soeur,
1800 Et vous rendre content, et vous rendre l'honneur,
Vous n'auriez plus sujet d'en vouloir à ma vie,
Et je n'en aurois plus de vous porter envie:
Quoy que je visse à vous avec tous ses apas,
Celle que j'aimay bien, mais qui ne m'aima pas.
1805 C'est de vous que je parle, ô trop sage Isabelle,
Qui ne fustes jamais envers moy que cruelle.
Dom Juan quittez donc tous vos jaloux soupçons
Que le feu de l'amour en fonde les glaçons,
Ne soyez plus atteint de cette frenesie,
1810 Ni moy l'object fascheux de vostre jalousie.
Il est vray, Beatris m'a deux fois introduit

Var: 1802 plus pour vous C. Var: 1810 cette jalousie C,G,H.

```
         Dans sa chambre le jour, dans son Balcon la nuit:
         Mais sur ma foy bien loin d'estre de la partie
         De me l'avoir promis, ou d'en estre avertie,
1815     Si-tost qu'elle le sçeut, elle l'en querella,
         Et Beatris pensa s'en aller pour cela.

                         DOM FERNAND.
         Mon Neveu ne dit rien qui ne soit veritable,
         Et si cher Dom Juan vous estes raisonnable,
         Vous ne fermerez plus l'oreille à la raison:
1820     Chassons donc le tumulte hors de cette maison,
         Et faisons y rentrer la joie et l'hymenée:
         Ca viste que Lucresse icy soit amenée,
         Et ma fille Isabelle, ah! je les voy venir,
         Venez, venez tascher de les bien reunir,
1825     Que je devray d'encens à la bonté divine,
         Puis qu'elle fait finir cette guerre intestine,
         Que je me sens heureux, et vous mes chers enfans,
         Tant pour vostre repos que celuy de mes ans,
         Devenez bons amis, embrassez-vous ensemble,
1830     Et qu'une ferme paix à jamais vous assemble.

                         DOM JUAN.
         Je ne resiste plus, je suy vostre Conseil.

                         DOM LOUIS.
         Le plaisir que j'en sens n'eut jamais de pareil.
```

SCENE V

LUCRESSE, ISABELLE, JODELET, DOM JUAN, DOM LOUIS, DOM FERNAND.

```
                         LUCRESSE.
         O ma chere Isabelle!

                         ISABELLE.
             O ma chere Lucresse!

                         LUCRESSE.
         Que nous avons de joye apres tant de tristesse!
1835     Et bien avois-je tort lors que vous vous plaigniez,
         D'asseurer qu'il n'estoit pas tel que vous disiez?

                         JODELET.
         Je n'ay donc qu'à quitter mon habit de parade,
         Puis que je ne suis plus Dom Juan d'Alvarade.
```

Var: 1822 soit icy amenée C,G,H.   (1822 Dom Fernand appelant)
    (1827   à Dom Juan et à Dom Louis)
Var: 1830 une bonne paix C,G,H.

DOM JUAN.
Non mon cher Jodelet, gardez tous vos bijoux,
1840 Ils vous parent trop bien pour n'estre pas à vous.

DOM LOUIS.
Vous dont l'amitié m'est un bien inestimable,
Recevez de ma main cette fille adorable.

DOM JUAN.
Vous que je hayssois tantost de tout mon coeur,
Sçachez que je suis vostre aussi bien que ma soeur.

DOM FERNAND.
1845 Allons mes chers enfans, finir cette journée
Par l'accomplissement de ce double hymenée.

JODELET.
Ma foy vous n'estes pas encor où vous pensez,
Et les discors icy ne sont pas tous passez,
Il me faut un Portrait que retient Isabelle,
1850 Qui pend à deux rubans au fonds de sa ruelle,
Moy qui ne sçay si c'est ou pour bien, ou pour mal
Qu'elle garde un Portrait perdant l'original :
Je veux qu'on me le rende, ou bien la Comedie,
Par moy Dom Jodelet deviendra Tragedie.
1855 Ouy je la veux avoir cette Idole de prix
Pour en favoriser ma chere Beatris.

Fin.

Var: 1841   don inestimable G,H.
    (1841   Dom Louis à Dom Juan lui présentant Isabelle)
Var: 1848   discours B,C; discords G,H.
Var: 1850   au fond E,F.
LR: 1856   ma cher Beatris A,B,F.

NOTES

Nous utilisons les abbréviations suivantes:
A   **Dictionnaire de l'Académie Françoise**, Paris,1694, 4 vols.
Bar   F. Bar, **le Genre burlesque en France au 17ᵉ siècle**, Paris,1960.
F   A. Furetière, **Dictionnaire universel**, La Haye,1690, 3 vols.
Haase   A. Haase, **Syntaxe française du 17ᵉ siècle**, Paris, 1898.
Rich   T. R. Richardson, **Lexique de la langue des Oeuvres burlesques de Scarron**, Aix en Provence, 1930.
R   P. Richelet, **Dictionnaire françois**, Genève, 1680.

EPITRE
Cette dédicace paraît dans toutes les éditions du vivant de Scarron.

Le Commandeur de Souvré: (1600-1670) s'illustra aux sièges de La Rochelle et de Casal et en 1646 commanda la flotte française au siège de Porto-Longone. Il avait utilisé son influence à la cour pour que Scarron reçoive une pension, d'où les remerciements de cette dédicace. Scarron lui avait déjà adressé une Epistre en 1644. Sa soeur était la Marquise de Sablé dont le salon était fréquenté par Mme de Sévigné, Mme de Lafayette et le Duc de la Rochefoucauld entre autres.

LE JODELET OU LE MAISTRE VALET

vers
12   brouïller: "mettre les choses en confusion" (F).
19   ressouvien-toy, mortel: style noble, qui fait contraste avec 'sa gueule' (v.27), un des traits frappants du style de Scarron.
25   le Chat-huan: "oiseau nocturne de mauvaise augure, hibou" (F).
32   trogne: "terme burlesque, un visage rouge et boutonneux, comme celui d'un ivrogne" (F). "Ce n'est là que le sens propre du mot et il convient au genre burlesque de l'employer improprement, ainsi à propos de la belle Hélène"(Bar).
36   feu Gregeois: "un feu d'artifice qui brusle jusques dans la mer, et qui augmente sa violence dans l'eau" (F).
44   jaque de maille: "armure faite de plusieurs petits anneaux attachez ensemble en forme de maille" (F).
50   coiffer: "figurément, s'entêter, s'amouracher de quelqu'un" (F).
56   faire le pied de grüe: "quand un homme est longtemps debout en quelque lieu, particulièrement quand on le fait attendre" (F).
70   le Cardinal Infant: Dom Fernand d'Autriche, frère de Philippe IV et archévêque de Tolède, gouverneur des Flandres de 1634 à 1641.
87   rengainer: "remettre dans sa gaine ou dans son fourreau. Il se dit d'ordinaire par raillerie " (F). Voir v.551.
      harangue: "discours d'un Orateur. Se dit en mauvaise part des discours trop longs et ennuyeux" (F).
90   que ne raconte-tu: 'ne' employé seul se rencontre dans beaucoup de constructions à l'époque; voir Haase §100B.
91   je ne puis ny parler: 'ny' se rapporte au négatif de la question précédente: 'ni ne puis-je parler...'
103   donzelle: "terme burlesque pour demoiselle" (F).

121	empaqueter: "mettre en un paquet; se dit des marchandises" (F).
135	defascher: "s'apaiser, perdre sa colère. Il n'est en usage qu'en ce proverbe: S'il se fasche, il aura deux peines, de se fascher et de se defascher" (F).
135	en avoir dans l'aisle: "être vaincu" (Rich).
136	incartade: "insulte qu'on fait à quelqu'un en public et par bravade" (F).
137	cornu: "qui a des cornes. On nomme aussi un homme cornu, celuy qui est cornard ou cocu. Cela s'étend à plusieurs autres choses mal faites et mal tournées" (F).
140	blereau: blaireau.
148	conter l'équivoque: "est quelquefois une beveue, une inadvertence qui nous fait prendre une chose pour une autre" (F).
149	Phebus: comparaison exagérée, typique du burlesque. Voir v.898.
154	poltron: "lâche, timide, qui manque de courage" (F).
167	singulier: "se dit en mauvaise part de ce qui est particulier, extraordinaire, contre l'usage commun" (F).
179	cette mienne lame: mon épée; 'possessif tonique', courant au 16ème siècle, mais plus rare au 17ème. Voir Haase §17E.
183	rustaut: "qui est incivil et mal poli, qui sent le paisan" (F).
184	tenebreux: allusion soit aux vers 166-172, soit à Amadis des Gaules, héros d'un roman de chevalerie, modèle des chevaliers fidèles de la chevalerie errante. Désespéré des reproches de sa maîtresse, il prend pour un temps le nom de 'ténébreux'. Le nom est ensuite devenu synonyme d'amoureux taciturne aux allures mélancoliques et mystérieuses. Voir vv.334, 452.
187	driller: "courir viste, c'est un terme bas et populaire qui se dit des laquais qui s'enfuyent" (F).
188	soudrille: "terme de mépris, soldat, libertin, fripon" (F).
200	Sigovie: Ségovie.
201	maraut: "gueux, coquin; terme injurieux" (F). Voir v.1341.
204	enfiler la venelle: "s'enfuir de peur d'estre pris pour quelque mauvaise action ou d'estre battu; bas" (F).
211	à la volée: "inconsidérément, étourdiment" (F).
234	querelle d'Allemand: "une querelle faite sans sujet et de gayeté de coeur" (F).
248	bransler les oreilles: secouer la tête ('bransler la teste' est une image particulière à Scarron selon Richardson; on trouve 'bransler le menton' ou 'la maschoire' pour s'exciter à boire ou à manger selon Furetière). "On dit qu'un homme secoue les oreilles, quand il se mocque" (F).
259	soubrette: "terme de mépris, femme de chambre ou suivante" (F).
261	chancre: "on dit proverbialement d'un goulu, d'un grand mangeur qu'il mange comme un chancre" (F).
266	boureler: "faire souffrir du mal, tourmenter" (F).
270	charpenter: "tailler du bois de charpente" (F); ici, donner des coups de bâton.
274	mitonner: "faire cuire ou chauffer à petit feu dans quelque sauce ou liqueur, afin qu'elle en soit bien imbibée" (F).
275	bisques: "potage exquis fait de plusieurs pigeons, poulets, beatilles, jus de mouton et autres bons ingrédiens, qu'on ne sert que sur la table des Grands Seigneurs" (F).

280	caquet: "abondance de paroles inutiles" (F).
283	rien: quelque chose (voir Haase §51B remarque 1).
284	hanter: "estre souvent en la compagnie de quelqu'un" (F).
320	degré: escalier, marche d'escalier
333	nescio vos: 'je ne vous connais pas'; la confidente parle le latin aussi bien que la langue littéraire (voir les vv 769-784).
333	chanter goguette: "dire des injures" (F).
334	Dariolette: "suivante qui a la confidence de sa maistresse" (F); nom de la confidente dans l'**Amadis** (voir vv.184, 452).
363	badaut: "sot, niais; sobriquet injurieux" (F).
372	rajuster (des gens): les mettre d'accord.
381	gambade: "saut ou posture qui se fait dans l'ardeur de la jeunesse par gayeté et emportement" (F).
386	la bailler belle: "en faire accroire à quelqu'un" (F).
389	avec ces deux mains closes: en vous étranglant. Le style ici va du bas (museau v.298) au précieux (lis, roses v.390).
391	godelureau: "jeune homme qui fait le damoiseau, qui songe à plaire principalement aux dames. Style burlesque et bas" (F).
392	morveau: "qui a de la morve qui luy pend au nez. Maladie dangeureuse de cheval" (F). Selon Bar, 'les termes de médecine véterinaire ne sont pas rares. Ils étaient sûrement considérés comme "bas", et pouvaient aussi, étant assez peu connus au moins de certains lecteurs, surprendre et amuser'. Ici, lécher le morveau, expression grossière, signifie flatter ou servir.
394	Minime: "ordre religieux, qui voulut encherir sur l'humilité des Frères Mineurs en s'appelant Minime" (F).
395	(un plisseur de) canons: "le haut d'un grand bas fort large et souvent orné de dentelle ou de rubans qu'on attachait au bas des hauts-de-chausses. On n'en porte plus" (F).
396	(nouer des) galans: "des rubans qui servent pour orner les habits, ou la teste tant des hommes que des femmes" (F).
398	faire playe ou ... bosse: "on dit proverbialement, il est comme le chirurgien, il ne demande que playes et bosses; pour dire qu'il cherche à faire son profit dans les malheurs d'autrui" (F). Ici, battre quelqu'un.
400	oyson: jeune oie. "on dit par injure à un homme qu'il se laisse mener comme un oyson, pour dire que c'est un sot qui ne sçait pas se conduire" (F).
409	brutal: "celuy qui a les appétits déréglez, qui vit en beste ou qui n'a pas plus d'esprit et de conduitte qu'une beste" (F).
411	marmouset: "sorte de petite figure grotesque et malfaite, qui a quelque air d'homme ou de femme" (F).
416	pendart: "scelerat, fripon, qui mérite la corde" (F).
419	trouver la pie au nid: "proverbialement quand on a rencontré quelque occasion de profiter" (F).
422	boutade: "caprice fait sans raison et avec impétuosité" (F).
452	Amadis: voir v.184, 334.
453	pas ... personne ... rien: voir Haase §102A où il fait remarquer que cette construction d'une double négation était courante au 17e siècle.
463	Les vers de Mairet auxquels Dom Fernand fait allusion sont: Il faut donc, ô grand Roy, que je vous importune,

> Du récit de ma race et de mon infortune.
> Pour ma race, il est vray que j'en suis peu sçavant,
> Mon Père neantmoins m'a dit assez souvent
> Que j'avois tousjours pris ma nourriture à Romme;
> Mais que j'estois né Grec, et fort bien gentil homme.
> (Virginie, IV,3, 1635).

Voir H.C. Lancaster: "Scarron and Mairet", **M.L.N.** LXVII 1952, p.470. D'Aubignac observe à propos des narrations, dont celle-ci: 'ce n'est pas qu'on ne les puisse faire dans les autres parties du Poême, comme il se voit dans la **Virginie**, où la narration principale se trouve au quatrième Acte avec beaucoup de grace et de succez' (**La Pratique du Théâtre**, ed. Martino, p.288). Les vers empruntés par Scarron à son ami, Mairet, étaient donc connus à l'époque.

471	en travail: "l'estat où est une femme lorsqu'elle commence à sentir les douleurs pour accoucher" (F).
486	cajoller: "conter des douceurs et des fleurettes" (F).
509	forcené: "furieux, qui est emporté d'amour, de colère, ou d'une autre passion, jusqu'à en perdre le sens et la raison" (F).
512	nom aposté: nom d'emprunt.
539	pressentir: "sonder quelqu'un, découvrir sa pensée, si on l'aura favorable ou contraire dans une entreprise" (F).
544	un mien amy: un de mes amis; voir note v.179.
544	mander: "écrire à quelqu'un" (R).
551	desgainer: "tirer l'épée; burlesque" (R). Voir rengainer v.87.
554	recouvrer: "retrouver une chose qu'on avoit perdue" (A).
561	le premier enfant de la grande Isabelle: naissance en 1629 du fils de Philippe IV et d'Isabelle de Bourbon.
589	pousser, parer: termes d'escrime; "se deffendre" (F).
591	choir: "tomber" (A).
634	s'entre-tailler: "porter mal ses jambes en marchant, en telle sorte que l'une coupe ou blesse l'autre" (F).
636	Le comique de cette scène repose en grande partie sur les nombreux apartés de ce genre.
644	porfil: "profil, on disoit autrefois porfil" (F).
645	guigner: "regarder du coin de l'oeil; stile bas" (F).
649	chiche: "avare, qui craint de dépenser; un peu bas" (F).
666	liege: vos charmes ne doivent-ils rien au rembourrage artificiel? Remarque personnelle extrêmement désobligeante; ce procédé bas fait partie du burlesque.
669	jouvenceau: "jeune homme; mot bas et ironique" (F).
685	vuider: "terminer une affaire; stile familier" (F). Voir v.1198
687	badaus: voir v.363.
690	occire: "vieux mot qui signifie tuer; burlesque" (F).
707	sornette: "discours frivole et vain; stile bas" (F).
716	compliment: "civilité ou honnesteté qu'on fait à autruy" (F).
723	tirer les vers du nez: "tâcher à découvrir un secret" (F). Chez Rojas, Bernardo accompagne Dom Louis lorsque Jodelet entre, et c'est lui qui avance les chaises. Dom Juan lui parle pendant la scène et découvre que le visiteur nocturne d'Inès était Dom Louis. Même si Scarron a éliminé toute trace de la présence d'Etienne dans le dialogue, il faudrait maintenir sa présence

740	pendant II,6 et le montrer en train de parler à Dom Juan au fond de la scène pour expliquer cette remarque qui serait autrement invraisemblable.
740	le grand Mogor: "c'est un Prince Mahometan qui est un des plus puissans Rois des Indes" (F).
740	filou: "un escroc, un couppeur de bourse" (F).
744	deboutonné: "qui a le pourpoint ouvert. Il est malseant de paroistre dans une compagnie tout deboutonné" (F).
754	gain: "profit, avantage que l'on tire de son commerce" (F).
756	chevet: "traversin" (F).
757	pistolle: "pièce d'or battue en Espagne et en Italie qui vaut onze livres" (R).
762	souffleter: donner des soufflets à quelqu'un.
766	double: "petite pièce de cuivre, qui fait la sixième partie du sou" (R). Ici, je ne donnerais pas cher de votre affaire.
779	faire beau bruit: "signifie sedition, querelle, confusion" (F).
781	lachrymule: (néologisme) petite larme.
782	Beatricule: (néologisme) petite Beatris.
790	Jean de Nivelle: " Jean de Montmorency, Seigneur de Nivelles, 1402-1477. Fidèle à Louis XI, il tenta de détacher son fils de l'alliance avec Charles le Téméraire. Jean n'ayant pas obéï à l'appel de son père, celui-ci le desherita et l'aurait maudit. On a voulu ainsi expliquer la locution: 'c'est le chien (terme d'injure) de Jean de Nivelle, qui fuit quand on l'appelle'." (Dict. Robert des noms propres)
793	fausser ma parole: "manquer de foy envers quelqu'un" (F).
802	ventre de moy: juron de style bas.
816	taster: "sonder le terrain, esprouver" (F).
832	heur: "bonheur. Ce mot est bas et peu en usage" (F).
863	germain: "frère de père et de mère. Terme de Palais" (F).
873	suffissant: "orgueilleux" (F).
880	Beatris donne des instructions à Isabelle, qui a crié trop fort, comment tromper Jodelet en jouant le rôle de la maîtresse en colère.
895	braque: "espèce de chien de chasse" (F).
895	porque: "truie, cochon" (F).
895	loup garou: "un esprit dangereux et malin qui court les champs ou les rues la nuit" (F).
898	Cerberus: comparaison mythologique impropre, typique du burlesque. Voir v.149.
901	Beatris se retire au fond de la scène, sans la quitter tout à fait. Elle est encore là au v.963.
947	pauvrette: "diminutif de pauvre, qui se dit par compassion; stile bas" (F).
948	lorgner: "regarder quelqu'un comme à la derobée" (F).
949	ange tutelaire: "qui tient sous sa protection" (F).
953	faquin: "un homme sans merite, sans honneur" (F). Voir v.1249.
956	gueux: "mendiant; terme brutal" (F).
958	houpelande: "cappe ou manteau de Berger fait de cuir" (F).
968	empaumer: "serrer avec la main; stile bas" (F).
972	toupet: "petite touffe de diverses choses, comme de cheveux" (F).
973	gogue: "vieux terme de cuisine qui se disoit d'un ragoût ou farce

	d'herbes, de lard, d'oeufs, fromage, épices, et sang frais de mouton, cuit dans la panse de mouton" (F).
974	dogue: "gros chien qui sert à garder les maisons. On le dit aussi d'un homme gros, gras et rebarbatif" (F).
977	resver: "signifie aussi mediter" (F).
1001	guignon: "malheur, accident; stile bas et familier" (F).
1001	gille: "faire Gilles, phrase proverbiale, pour dire s'enfuir" (F). Scarron en fait ici un verbe.
1010	maroufle: "terme d'injure, un fripon ou un impertinent" (F).
1030	pendart: voir v.416.
1034	gaule: "grande perche menue et longue" (F). Ici, bâton.
1039	maistre grimpe potence: néologisme de Scarron; voir pendart vv.416, 1030. Les mots composés sont une des constantes stylistiques du burlesque.
1043	gripe manteau: néologisme de Scarron; voir grippe-sou: avare;
1072	convaincre: "prouver un crime" (F).
1073	mignon de couchette: "on appelle ainsi un jeune homme bien fait pour être le galant d'une belle" (F).
1113	deviser: "causer, s'entretenir ensemble" (F).
1154	Mon offence est connue: je connais la nature de l'offence que Dom Louis me fait.
1177	elle: Isabelle.
1179	esploré: "avoir les larmes aux yeux" (F).
1198	vuider nostre querelle: voir v.685.
1224	racommoder: "reconcilier des personnes" (F).
1241	roignon: rognon.
1251	gredin: "gueux, misérable" (F).
1256	pied-plat: "un rustre, un homme de rien qui a des souliers tout unis et tout plats comme en portent les païsans" (F).
1272	aze: "âne, ce mot est du stile bas et comique" (F).
1277	tenir à quatre: "quand un homme temoigne en apparence qu'il veut se battre et qu'au fond il n'en a pas grande envie" (F).
1283	botte en tierce: "terme d'escrime, d'un certain coup qu'on porte le poignet renversé en dedans" (F).
	en quarte: "une manière de se mettre en garde, d'allonger ou de porter les bottes" (F).
1293	esclaircissant: "rendre moins épais" (F).
1296	cinq cens: cinq cents soufflets.
1323	tarare: "mot burlesque qui signifie qu'on se moque de ce que l'on dit" (F).
1325	arde: ardre: "vieux mot françois hors d'usage, qui signifioit autrefois brûler; on s'en sert dans le burlesque" (F).
1328	s'esbaudir les esprits: "se réjouir par les sauts, la bonne chère, la raillerie et autres moyens; terme populaire" (F).
1336	narguer: "moquer, mépriser; stile familier et badin" (F).
1341	maraud: voir v.201.
1343	griper (aux cheveux): "attraper, prendre avec la griffe" (F).
	(saisir au) collet: "partie de l'habillement qui se met autour du cou; se prend quelquefois pour le cou même" (F).
1345	gourmade: "coup de poing" (F).
1377	Matamorre: "fanfaron. Le mot est venu des comédies espagnoles où on introduit un Capitan Matamoros ou Tue-Mores" (F). Le meilleur

	exemple est dans l'Illusion comique de Corneille, 1635.
1381	depescher: "faire mourir un criminel" (F).
	lignage: "race; vielli, ne se dit plus que dans le comique" (F).
1402	hargneux: "qui est de mauvaise humeur, querelleux" (F).
1410	gendricide: meurtre d'un gendre, néologisme de Scarron.
1411	consommation: la consommation du mariage
1420	glaive: "arme tranchante: vieux mot qui ne se dit plus dans le discours ordinaire qu'en riant" (F). Ici épée.
1435	Dom Fernand menace Jodelet qui sort: ce jeu de scène dans des éditions du 18ème siècle n'est nullement indiqué par le texte. On peut supposer que Jodelet se retire au fond de la scène pour revenir vers Dom Juan et Dom Fernand au v.1458, précipitant la sortie de Dom Fernand.
1440	revenir: "changer d'avis" (F).
1453	s'evertuer: "prendre courage" (F).
1464	niaiser: "faire l'innocent et le niais" (F).
1469	cajoler: voir v.486.
1480	tremper: "figurément, tremper dans un crime, c'est en estre complice" (F).
1489	se bander: "signifie s'appliquer fortement" (F).
1499	combats de pavé: duel en ville, dans la rue.
1507	bas appartement: appartement de rez-de-chaussée.
1535	court de visière: "signifie quelquefois la vue mais dans le stile bas et burlesque" (F).
1536	querir: "chercher; ne se dit plus que proverbialement" (F).
1542	marry: "repentant, qui regrette d'avoir fait quelque chose" (F).
1563	Grenadin: habitant de la ville de Grenade. More: Maure.
1568	donner les estrivières: "c'est châtier les valets, les fouetter avec des étrivières ou courroyes de cuir" (F).
1575	rebours: "revêche, difficile à gouverner; il devroit avoir au feminin rebourse, mais il n'est point en usage" (F).
1578	eschiné: ici, avoir mal au dos.
1580	forcené: voir v.509.
1586	A beau jeu, beau retour: "proverbe; quand on menace de rendre le change à celuy qui nous a fait quelque injure" (F).
1608	transi: "engourdi, saisi de froid" (F).
1633	querimonie: "plainte qu'on fait aux juges d'église pour avoir permission de publier des monitoires" (F).
1655	giboyer: "chasser du gibier; se dit dans le stile burlesque" (F).
1663	estocade: "un grand coup d'épée allongé, que l'on appelle Bote, la blessure faite avec la pointe de l'épée" (F).
1666	estoc: "c'étoit autrefois une épée longue et étroite qui ne servoit qu'à percer" (F).
1683	estramaçon: "la partie du sabre qui est environ d'un demi-pied au dessus de la pointe. Quand on a le sabre à la main, on se sert plutôt de l'estramaçon que de la pointe" (F).
1686	vision: vue.
1756	coquet: "galant, qui se pique de plaire aux dames" (F).
1760	ravisseur: "qui enlève, qui ravit" (F).
1848	discors: discords.

TABLE DES MATIERES

FRONTISPICE: Jodelet (B.N. Estampes) II

Introduction V

Le texte XXI

Bibliographie XXIII

LE JODELET OU LE MAISTRE VALET

Notes 77

TABLE DES ILLUSTRATIONS

Jodelet s'échappant des flammes (B.N. Estampes) .. XXII

Page de titre de l'édition originale
                (B.N. Réserve) 1